AF296216

ATLAS ÉLÉMENTAIRE
DE TOPOGRAPHIE

PRÉCÉDÉ D'UN

VOCABULAIRE TOPOGRAPHIQUE

PAR

A. WACHTER

Ancien capitaine au corps d'État-Major

40 PLANCHES — 304 FIGURES. CARTES OU PLANS

DESSINÉS ET GRAVÉS

PAR FRÉDÉRIC HENNEQUIN

Ancien dessinateur au Dépôt de la guerre, membre de la Société de géographie,

Chargé de Cours et Conférences dans les Écoles régimentaires de la 1re division militaire, et dans les Écoles
municipales de la ville de Paris

N. B. — Tous les modèles sont à l'échelle de $\frac{1}{10000}$, soit 1 mètre pour 10000 mètres, 1 décimètre pour 1000 mètres,
1 centimètre pour 100 mètres.

PARIS

LIBRAIRIE CLASSIQUE DE PAUL DUPONT

41, RUE JEAN-JACQUES-ROUSSEAU, 41

— 1874 —

ATLAS ÉLÉMENTAIRE

DE TOPOGRAPHIE

ENSEIGNEMENT DE LA TOPOGRAPHIE

PLANIMÉTRIE.

CONSTRUCTIONS.

Villages, Bourgs, Villes.
Villes fortifiées.
Retranchements, lignes et redoutes.

COURS D'EAU.

Fleuves.
Rivières.
Ruisseaux.
Lacs.
Étangs.

VOIES DE COMMUNICATIONS.

Chemins de fer.
Routes.
Routes auxiliaires, sentiers, clôtures.

DIVISIONS DE CULTURE.

Bois, Bruyères.
Marais. Marais salants.
Tourbières.
Prés, Vergers.
Dunes, Sables.

NIVELLEMENT
FIGURÉ PAR DES COURBES ET PAR DES HACHURES

I. — Courbes.

DIFFÉRENTES FORMES DU RELIEF DU TERRAIN.

Sommet, col et thalweg, vallée.
Ravin, rochers et glaciers, ligne de faîte.

PROFILS ET PROJECTIONS HORIZONTALES.

Coupe et plan.
Courbes de niveau. Pentes rapide, douce, égale des deux côtés. Piton escarpé suivi d'une pente douce.
Ligne de partage des eaux passant par tous les cols et par tous les sommets.
Chemin de fer en remblai, tunnel, viaduc, déblai, passage à niveau, corniche.

DÉTERMINATION DU PROFIL (*courbes*).

Plan. Profil déduit du plan suivant une ligne déterminée.
Ligne de partage des eaux.
Profil du chemin de fer de Saint-Germain.

ÉCHELLES.

Échelles au $\frac{1}{10\,000}$, $\frac{1}{20\,000}$, $\frac{1}{40\,000}$, $\frac{1}{80\,000}$.
Construction d'une échelle de pas.

II. — Hachures.

DIFFÉRENTES FORMES DU RELIEF DU TERRAIN.

Sommet, col et thalweg, vallée.

PROFILS ET PROJECTIONS HORIZONTALES.

Courbes de niveau. Pentes rapide, douce, égale des deux côtés. Piton escarpé suivi d'une pente douce.
Chemin de fer en remblai, tunnel, viaduc, déblai, passage à niveau, corniche.

DÉTERMINATION DU PROFIL (*hachures*).

Plan. Profil déduit du plan suivant une ligne déterminée.
Diapason des hachures indiquant l'intensité des teintes proportionnellement aux pentes.

III. — Lecture des Cartes.

EXERCICES TOPOGRAPHIQUES GRADUÉS.

Carte du Mont-Valérien au $\frac{1}{20\,000}$.
Carte du champ de bataille de Champigny au $\frac{1}{40\,000}$.
Carte du champ de bataille de Saint-Privat-la-Montagne au $\frac{1}{80\,000}$.
Carte du champ de bataille de Buzenval au $\frac{1}{80\,000}$.
Carte du Mont-Blanc et détermination du profil passant par le sommet le plus élevé et le village de Chamounix.
Étude de nivellement sur les Aiguilles (Hautes-Alpes)
Carte des environs d'Orléans et du champ de bataille de Coulmiers au $\frac{1}{320\,000}$.
Dessin récapitulatif. — Carte du Mont-Valérien au $\frac{1}{20\,000}$, $\frac{1}{40\,000}$ et $\frac{1}{80\,000}$.

ATLAS ÉLÉMENTAIRE

DE TOPOGRAPHIE

PRÉCÉDÉ D'UN

VOCABULAIRE TOPOGRAPHIQUE

PAR

A. WACHTER

Ancien capitaine au corps d'état-major.

40 PLANCHES — 304 FIGURES, CARTES OU PLANS

DESSINÉS ET GRAVÉS

PAR FRÉDÉRIC HENNEQUIN

Ancien dessinateur au Dépôt de la guerre, membre de la Société de Géographie,

Chargé de Cours et Conférences dans les Écoles régimentaires de la 1re Division militaire, et dans les Écoles municipales de la ville de Paris

N. B. — Tous les modèles sont à l'échelle de $\frac{1}{10000}$e, soit 1 mètre pour 10 000 mètres, 1 décimètre pour 1000 mètres, 1 centimètre pour 100 mètres.

PARIS

LIBRAIRIE CLASSIQUE DE PAUL DUPONT

41, RUE JEAN-JACQUES ROUSSEAU, 41

— 1874 —

AVANT-PROPOS

On a dit, avec beaucoup de justesse, que la méthode usitée jusque dans ces derniers temps pour l'étude de la géographie était l'inverse de la logique et de l'expérience, puisque les élèves devaient connaître l'Australie et la Chine avant de savoir rien de leur département. J'ajouterai qu'il était aussi peu logique de commencer ce genre d'études, en mettant d'abord sous les yeux d'enfants qui n'avaient aucune notion des distances, des cartes à une échelle infinitésimale, c'est-à-dire variant du douze-cent-millième pour un petit pays comme la Hollande, au cent-millionième pour la mappemonde; et que, pour arriver à lire une carte quelconque, il faut procéder du simple au composé, en commençant par la commune pour finir par la mappemonde.

La carte de la commune ne saurait être qu'une carte topographique au dix-millième ou au vingt-millième, échelle généralement adoptée pour les tableaux d'assemblage du cadastre. De là, les élèves doivent passer à la carte d'arrondissement au quatre-vingt-millième, puis à celle du département au trois-cent-vingt-millième.

Au delà, les cartes cessent d'être topographiques pour devenir géographiques. Ce dernier genre de cartes est seul entré dans le domaine public, et personne ne s'était encore mis à la recherche des moyens propres à mettre l'étude de la topographie à la portée des enfants.

Frappé des résultats obtenus par les Allemands avec leurs cartes topographiques répandues à profusion dans l'armée et dans les écoles, aidé des conseils des officiers attachés au deuxième bureau de l'état-major général du Ministre de la guerre, j'ai tenté de résoudre ce problème difficile de concert avec M. Frédéric Hennequin, ancien graveur et dessinateur au Dépôt de la guerre, que je connaissais de longue date. Les encouragements que j'ai reçus de différents côtés, les expériences partielles auxquelles je me suis livré, me donnent à penser que le succès a couronné nos efforts communs.

L'excellente méthode suivie dans les écoles d'application de l'artillerie, du génie et de l'état-major, prouve que, pour l'étude de la topographie et pour graver dans la mémoire des élèves les nombreux signes conventionnels dont l'ensemble constitue une carte topographique, il était indispensable de les leur faire dessiner souvent et le plus exactement possible.

Nous avons eu soin de commencer par les exemples les plus simples et de donner isolément les différents signes conventionnels accompagnés d'un dessin artistique qui donne l'aspect réel de l'objet représenté topographiquement. Ces signes sont ensuite groupés dans des cartes ou tableaux d'ensemble, réunis en atlas.

Un *Vocabulaire topographique* très-détaillé précède notre Atlas de Topographie, qui comprend trois parties distinctes :

1° La Planimétrie ;

2° Le Nivellement ;

3° Des Exercices gradués pour la lecture des Cartes de $\frac{1}{10\,000}$e au $\frac{1}{320\,000}$e.

La Planimétrie ayant pour objet la représentation sur le plan topographique des constructions, villages, bourgs, villes fortifiées, clôtures, cours d'eau, bois, rochers, carrières, etc., en général de toutes les lignes et de tous les objets quelconques qui existent à la surface du sol, nous avons groupé dans une première partie les signes au moyen desquels on représente tout ce qui est du ressort de la Planimétrie.

La deuxième partie comprend ce qui est relatif au nivellement, c'est-à-dire à la représentation du relief et des formes du terrain. Cette représentation se fait par des courbes de niveau ou des hachures, et nous avons donné de nombreux exemples des deux systèmes.

Ces deux parties contiennent toutes les indications que l'on peut donner sommairement sur les signes topographiques.

Ce n'est qu'en exécutant souvent des promenades topographiques et en se livrant avec assiduité à la lecture des cartes que les élèves se rendront ces exercices familiers. Toutes les difficultés de la lecture, tous les accidents ou formes de terrain ont été groupés dans les sept dernières planches de cet atlas; depuis les plaines riches et fertiles de la Beauce, jusqu'aux pics dénudés et inaccessibles du massif du Mont-Blanc.

Viennent ensuite des spécimens de cartes au $\frac{1}{20\,000}$ et au $\frac{1}{40\,000}$, les deux échelles les plus usitées pour les levers sur le terrain; au $\frac{1}{80\,000}$, échelle adoptée pour la *gravure* de la carte de l'état-major et trop petite pour le dessin à la plume ou au crayon. A une échelle plus réduite, les **Cartes** cessent d'être *topographiques*, c'est-à-dire qu'elles n'indiquent plus en détail les lignes et les formes du terrain, les accidents naturels, les objets de main d'homme. — La carte de la planche XXXIX au $\frac{1}{320\,000}$, n'est plus qu'une carte *chorographique* ou *géographique* indiquant les positions des villes et villages, les cours d'eau, les grandes divisions de culture, les routes, la direction des chaînes de montagnes et leurs contours.

On a souvent et justement reproché à notre pays son ignorance en géographie et en topographie; il m'a paru que la méthode suivie jus-

qu'à présent pour l'enseignement de la première de ces sciences lais-
sait à désirer, attendu, comme je le dis plus haut, que cet enseignement
doit être précédé de la lecture des cartes à grande échelle. En un
mot, les élèves des classes élémentaires doivent être exercés non-seu-
lement à la lecture, mais encore au dessin des cartes topographiques
et géographiques.

Cette conviction est basée sur les faits que j'ai observés pendant ma
carrière déjà longue, etje ne doute pas qu'elle ne soit, dans un avenir
rapproché, partagée par tous les hommes qui s'occupent d'enseignement.

A. WACHTER.

VOCABULAIRE

DES

SIGNES CONVENTIONNELS

EMPLOYÉS

EN TOPOGRAPHIE.

PLANIMÉTRIE ET NIVELLEMENT.

BAR

1. AFFLUENT (V. *Rivières*).

2. AIGUILLES (V. *Montagnes*).

3. ALTITUDE. L'*altitude* ou la *cote* d'un point est la longueur de la verticale abaissée de ce point sur la surface de la mer, que l'on suppose prolongée au-dessous des terres. Cette longueur s'exprime en mètres et indique ainsi la hauteur du point au-dessus du niveau de la mer (V. *Projection*).

4. BAC. Grand bateau glissant le long d'un câble qui sert à le faire mouvoir et destiné à passer les hommes, les animaux, les voitures, etc., d'un bord d'une rivière à l'autre. Avec un bac, les passagers tirent sur le câble fixé à des arbres ou à des poteaux et qui traverse la rivière.

On représente le bac par une ligne courbe noire transversale, avec un bateau placé obliquement sur la ligne même.

5. BAC A TRAILLE. Dans le *bac à traille* appelé aussi **TRAILLE**, le câble traverse la rivière sans toucher l'eau. Le bac est réuni au câble à l'aide d'une corde ou d'une chaîne terminée par une poulie double, dont l'un des galets roule sur le câble, et l'autre sur la bride formée par la corde ou la chaîne. Un gouvernail donne au bac une inclinaison oblique au courant dont la force porte le système d'une rive à l'autre. La traille se compose quelquefois d'une réunion de bateaux sur lesquels on installe un tablier à l'aide de poutrelles et de madriers.

On représente la traille par une ligne courbe transversale avec un bateau relié à la ligne par un trait noir figurant la bride de la traille.

6. BARRAGE. Massif qui barre une rivière de façon à en élever le niveau en amont, c'est-à-dire du côté de sa source. Ces massifs consistent en levées de terre ou en poutrelles verticales maintenues à l'aide de solides châssis en bois. Sur le côté

BOR

du barrage on ménage un passage fermé au moyen d'écluses. Le barrage a pour but soit de rendre une rivière navigable en élevant son niveau, soit de tendre une inondation.

On représente le barrage à poutrelles comme sur la figure de la pl. 2; s'il est constitué par une *digue* (voyez **DIGUE**). Les massifs en maçonnerie qui soutiennent les portes d'écluse sont figurés par les deux rectangles qui sont noirs sur les cartes ordinaires, et rouges sur les cartes coloriées; les deux lignes noires se coupant sous un angle obtus dont le saillant est tourné vers l'amont représentant les portes des écluses.

7. BOIS. En topographie on appelle bois un grand nombre d'arbres assez rapprochés pour former un obstacle sérieux au passage des hommes, chevaux ou voitures. Ils prennent le nom de *Forêts* quand ils s'étendent d'une façon continue sur de vastes espaces. Les bois présentent deux divisions suivant leur nature : les *taillis* qu'on ne laisse s'élever qu'à une certaine hauteur et que l'on coupe à intervalles réglés; les *futaies* dans lesquelles on laisse les arbres se développer en en coupant un certain nombre à mesure qu'ils grandissent, pour donner de l'air aux autres.

On les représente sur les cartes coloriées par une teinte vert jaune formée de gomme-gutte avec une faible partie d'indigo; — sur les cartes non coloriées, par un feuillé comme dans la figure de la pl. 11.

8. BORNES. Pierres ou poteaux indicateurs servant à indiquer les distances sur certaines routes ou à marquer la séparation entre deux propriétés, cantons, provinces, etc. En France, les bornes placées sur les routes indiquent des kilomètres et des hectomètres; en Allemagne des mille ou *meilen* de 7,532 mètres.

On les figure au moyen d'un petit cercle avec un point au milieu.

9. BOURGS ET VILLAGES. *Village*, assemblage de maisons dans la campagne; lieu non fermé de murailles, habité en majeure partie par dés fermiers et des paysans. Le *bourg* est un grand village où il se tient des marchés.

Sur les cartes coloriées, les maisons sont en rouge foncé, et en noir sur les cartes non coloriées.

10. BRUYÈRES. Arbrisseaux à feuillage toujours vert, communs dans les montagnes et sur les terres incultes ou landes.

Sur les cartes coloriées, teinte de prés faible, et teinte légère de carmin (ces deux teintes doivent être mises ensemble avec deux pinceaux). Sur les cartes non coloriées, pointillé inégal, serré à certains endroits, espacé à d'autres; on peut aussi se contenter d'inscrire le mot *bruyères* sur les parties de la carte qui en sont couvertes.

11. CALVAIRE. Lieu élevé où Jésus-Christ fut crucifié. On donne par extension le nom de *calvaire* à la croix ou aux trois croix plantées généralement sur des points élevés ou bien en vue, dans le but de rappeler aux fidèles la mort de Notre-Seigneur.

Se représente par un petit rectangle surmonté d'une croix.

12. CANAUX. Un canal est un cours d'eau artificiel, c'est-à-dire creusé à main d'homme; il est *navigable*, quand sa largeur et sa profondeur lui permettent de porter des bateaux. Un canal est dit *latéral*, quand il longe un fleuve; — *de dérivation*, quand il sert à distribuer les eaux dans la campagne. Souvent les canaux ont à traverser des mouvements de terrain considérables; leurs niveaux différents constituent une série de bassins horizontaux qui communiquent entre eux au moyen d'écluses, Ils sont longés par un double chemin de halage, et les digues qui maintiennent les eaux sont plantées d'arbres et utilisés comme promenades.

Les canaux se représentent comme les cours d'eau : sur les cartes coloriées par un ou deux traits bleus, en ligne droite, suivant leur largeur, et de chaque côté un petit trait noir; les eaux en bleu de Prusse. Sur les cartes non coloriées, tous les traits sont noirs et les eaux sont représentées par un filet plus serré sur les bords qu'au milieu. Au centre (pl. 10) se trouve le fond du canal; sur les côtés les chemins de halage; plus haut les digues; les hachures marquent les talus des digues et les berges du canal.

13. CHALET. Cabane de paysan suisse où se font les fromages, et où les vaches s'abritent l'été dans les campagnes; et par extension, maison de paysan suisse ou maison construite à la mode suisse.

Se figure par un petit rectangle noir, surmonté d'un triangle. Si le chalet est en pierre, le rectangle est rouge sur les cartes coloriées.

14. CHAPELLE. Petite église qui n'est ni paroisse, ni prieuré. Lieu consacré au culte dans les palais, dans certaines maisons particulières, hospices, collèges, etc.

Se représente sur les cartes coloriées par un rectangle allongé, arrondi à l'une de ses extrémités, limité par un trait rouge foncé, teint en rouge à l'intérieur, et coupé en long par une croix noire.

15. CHATEAU. Habitation royale ou seigneuriale; grande et belle maison de campagne.

En rouge sur les cartes coloriées ; en noir sur les autres.

16. CHEMIN DE FER *en corniche, en déblai, en remblai.* Une voie ferrée est dite *en corniche* quand elle longe le flanc d'une montagne, et que d'un côté de la voie le terrain va en descendant, de l'autre en montant; — *en déblai*, quand la voie est entaillée dans le mouvement du sol et forme une tranchée plus ou moins profonde ; — *en remblai*, quand elle passe sur une levée de terre dont les talus s'abaissent des deux côtés.

Dans les cartes à grande échelle, comme le $\frac{1}{5000}$ ou le $\frac{1}{10000}$, on représente le chemin de fer par deux traits pleins parallèles, réunis par des petits traits transversaux. Dans les cartes à petite échelle, un seul trait plein et large.

Les *chaussées* ou *remblais* sur lesquels passe la voie, sont représentés par de petites hachures s'amincissant à partir de la route; les *tranchées* qu'elle traverse, par des hachures dont la pointe est tournée vers la route, et dont le haut part des déchirures du sol, indiquées par des traits horizontaux de forme irrégulière. La *corniche* qui est en déblai d'un côté, en remblai de l'autre, est figurée par des hachures allant dans le même sens.

17. CHEMINS *d'exploitation*, — *vicinaux* ou *ruraux*, — *de grande communication*, — *communaux classés.* On appelle chemin, une bande étroite de terrain tracée et déblayée pour communiquer d'un point à un autre. (Pour les explications et définitions, voyez *Routes*.)

18. CLÔTURES *en fossé*, — *en haie*, — *en levée de terre*, — *en pierre*. On appelle clôture toute enceinte qui clôt. Ces enceintes sont constituées de différentes manières :

En fossé on les représente par deux traits fins parallèles et rapprochés; — *en haie*, par un petit feuillé en ligne droite, vert foncé sur les cartes coloriées, et noir sur les cartes non coloriées; — *en levée de terre*, par deux traits parallèles bordés de hachures perpendiculaires et se terminant en pointe comme pour les chemins en chaussée; — *en pierre ou en mur*, par un trait rouge foncé sur les cartes coloriées, et un trait noir sur les cartes non coloriées.

19. COL. Point où la crête d'une chaîne de montagnes s'abaisse, et offre un passage aux routes, chemins ou sentiers qui mènent d'un versant à l'autre.

20. COLLINES (V. *Montagnes*).

21. CONFLUENT (V. *Rivières*).

22. CORNICHE. Ornement en saillie servant de couronnement à une façade d'édifice. S'applique par extension aux routes qui longent le flanc d'une montagne et affectent ainsi la forme d'une corniche.

23. COURBES DE NIVEAU ou COURBES HORIZONTALES. En supposant la surface du terrain coupée par une série de plans horizontaux, les intersections ainsi déterminées sont les *courbes horizontales* ou *de niveau*. Sur le plan topographique, ces courbes indiquent toutes les sinuosités du terrain et dessinent une figure semblable à celle que tracerait sur le terrain le niveau de la mer, s'il se trouvait tout à coup élevé au niveau indiqué par la courbe. (V. *Plan*.)

24. COURS D'EAU (V. *Rivières*).

25. CROUPE. Surface convexe formée par la rencontre de deux versants. On ne peut mieux comparer la croupe qu'à l'arête saillante, horizontale ou inclinée, formée par l'intersection de deux toits.

26. DÉBLAI. Terres enlevées ou transportées pour abaisser un terrain ou ouvrir un passage dans un terrain élevé.

27. DIAPASON. Modèle adopté pour guider les dessinateurs dans le tracé des hachures, et leur permettre de donner la même intensité de teinte aux mêmes pentes. La proportion de noir doit aller en augmentant avec la pente, c'est-à-dire que plus la pente est raide, plus les hachures sont grosses et rapprochées. (Voir planche 33.)

28. DIGUE. Levée en terre ou en maçonnerie pour contenir les eaux. Souvent dans les villes fortifiées, les digues destinées à contenir les inondations artificielles sont précédées d'un fossé rempli d'eau même quand l'inondation n'est pas tendue. Ces digues sont dites *défensives*.

On représente les digues par deux traits parallèles bordés de hachures perpendiculaires comme les chaussées (voir n° 16).

Si la digue est précédée d'un fossé, on figure celui-ci au bas du talus par deux traits parallèles.

29. ÉCHELLE. L'échelle d'un plan indique la relation constante entre les lignes du plan topographique et les mêmes lignes sur le terrain. Ainsi, si une ligne du plan est 10 000, 20 000 fois plus petite que la même ligne sur le terrain, toutes les autres lignes du plan seront à l'échelle, c'est-à-dire 10 000, 20 000 fois plus petites que leurs semblables sur le terrain. (Voir planches 28, 40.)

30. ÉGLISE. Temple chrétien. Une église est en croix grecque si elle a une croisée qui la coupe par le milieu, et qui a la même longueur que la nef, par exemple le Panthéon ou Sainte-Geneviève à Paris ; — en croix latine quand, comme sur la figure du cahier, la croisée est moins longue que la nef, par exemple Notre-Dame de Paris, la cathédrale de Strasbourg et la plupart des églises gothiques.

On les représente par un gros bâtiment en forme de croix, teinté en rouge sur les cartes coloriées avec une croix noire au milieu ; sur les cartes non coloriées, les murs et les hachures indiquant le massif de l'église sont en noir.

31. EMBARCADÈRE PRINCIPAL. Lieu de départ ou d'arrivée d'un chemin de fer. Dans le cas de l'arrivée, on se sert souvent de l'expression de *débarcadère*.

On le figure comme les bâtiments ordinaires, en rouge sur les cartes coloriées, et noir sur les autres.

32. ESCARPEMENTS (V. *Rochers*).

33. ÉTANG (V. *Rivières*).

34. FAÎTE ou *ligne de faîte*. On appelle ainsi le sommet de deux pentes, l'arête même d'une chaîne de montagnes; de même que sur un toit, elle marque la *ligne de partage des eaux*, qui se déversent soit à droite, soit à gauche du faîte (V. *Sommet*).

35. FALAISES. Terres ou rochers escarpés le long de la mer.

Les falaises se représentent par des traits horizontaux et verticaux irréguliers; sur les cartes coloriées on recouvre le dessin d'une teinte de sable avec une pointe d'encre de Chine pour les cassures.

36. FERME. Se dit en général de tous les domaines ruraux de quelque importance, et qui sont entourés de bâtiments d'exploitation.

On les représente par un rectangle ouvert sur l'un des côtés ; en rouge sur les cartes coloriées.

37. FLANCS (V. *Montagnes*).

38. FLEUVES (V. *Rivières*).

39. FONDERIE. Lieu où l'on fond les métaux.

Se représente par un bâtiment, en rouge sur les cartes coloriées, à côté duquel on dessine une petite roue avec un trait prolongé.

40. FONTAINE. Eau vive qui sort de terre et qui est reçue dans un bassin.

Un petit rectangle plein dont les petits côtés sont prolongés sous forme d'un simple trait.

41. FORGE. Établissement où l'on donne la forme à un métal par le moyen du feu et du marteau.

Se représente comme la fonderie, seulement le trait de la roue est garni d'un petit appendice noir qui figure le gros marteau de forge.

42. FORTIFICATION. Ouvrage en terre ou en maçonnerie destiné à la défense d'une place ou d'une position militaire.

La figure de la planche 3 porte la légende explicative des différentes parties qui constituent un rempart. On appelle *pont-levis*, un pont qui s'élève en tournant autour d'une arête horizontale ; l'extrémité mobile est suspendue à des chaînes qu'on fait mouvoir de différentes manières. Les *fascines* sont de gros fagots faits de menus branchages et qui servent : à indiquer le tracé d'une tranchée, à combler un fossé, à maintenir les terres dans les talus escarpés, à blinder, etc. Le *gabion* est un panier sans fond affectant la forme d'un cylindre long. Les bâtons transversaux qui le soutiennent, sont prolongés d'un côté et taillés en pointe, de façon à pouvoir être enfoncés en terre et donner de la fixité au gabion. On se sert du gabion dans les siéges et dans la fortification de campagne pour la construction des batteries et pour accélérer celle des abris. Dans ce but, on les remplit de terre et quand il faut se couvrir à une grande hauteur, on superpose jusqu'à trois rangées de gabions.

43. FOSSÉ. Tranchée plus ou moins profonde creusée en long pour clore un champ, défendre une ville, faire écouler des eaux, etc.

Les fossés ordinaires, d'une largeur moyenne, comme ceux qui bordent les routes ou limitent une propriété, se représentent par deux traits parallèles dont l'écartement varie avec la largeur du fossé.

44. GLACIERS. Amas énormes de glaces qui forment des montagnes et parfois de véritables mers de glace.

45. GUÉ *pour les hommes, — pour les voitures.* Emplacement dans le lit d'une rivière où le fond est assez ferme et l'eau assez basse pour qu'on puisse le traverser à pied, à cheval ou en voiture. La profondeur d'un gué ne doit pas excéder 1 mètre pour les piétons, 1ᵐ,20 pour les chevaux, 0ᵐ,80 pour les voitures. Dans les campagnes, les cultivateurs ne tiennent compte que des gués pour voitures.

Les gués pour les hommes se représentent par une ligne en éléments de trait ; — pour les voitures, par deux lignes en éléments de trait ; — pour les chevaux, il n'existe pas d'indication spéciale.

46. HACHURES. Les hachures sont des lignes de plus grande pente. De toutes les lignes partant du même point et tracées sur le terrain, celle qui fait le plus grand angle avec le plan horizontal est la ligne de plus grande pente ; c'est la ligne que suivrait une goutte d'eau glissant sur le terrain, si la surface était parfaitement unie.

47. HAIES et JARDINS. La *haie* est un plant servant de clôture. La haie est *vive* quand elle est formée d'arbres ou d'arbrisseaux vivants. Elle est *morte* ou *sèche* quand elle est construite avec des fagots, des ronces mortes, ou même avec des planches.

Le *jardin* est un lieu artistement planté et cultivé dans un but d'utilité ou d'agrément.

On figure la *haie* comme il a été dit au n° 18 (v. *Clôtures*). Les *jardins* se représentent sur les cartes coloriées par de petits carrés ou des triangles teintés alternativement en *prés*, en *bois*, en *vergers*, et parsemés de gros points verts indiquant les arbres. Sur les cartes non coloriées un feuillé léger comme pour les *bois*.

48. LANDES (V. *Bruyères*).

49. LIMITES d'*États*, — de *départements*, — d'*arrondissements*, — de *cantons* et de *communes*. — *État*, pays qui se trouve sous une même domination. La France constitue un État divisé en départements ; le département est subdivisé en arrondissements, les arrondissements en cantons, le canton en communes.

Sur les cartes non coloriées les *limites d'États* sont figurées par une ligne composée alternativement de petites croix et d'éléments de trait ; — de *départements*, par une ligne composée d'éléments de trait ; — d'*arrondissements*, par une ligne composée d'éléments de trait séparés par deux points ; — de *cantons*, par une ligne composée alternativement de gros et de petits points ronds ; — de *communes*, par une ligne de petits points.

Sur les cartes coloriées les *limites d'États* sont recouvertes d'une teinte jaune, — de *départements*, bleu plus clair ; — d'*arrondissements*, rouge ; — de *cantons*, verte ; — de *communes*, minium.

50. MANUFACTURE. Lieu où l'on fabrique.

Se représente comme les bâtiments ordinaires, que l'on surmonte d'un petit drapeau carré.

51. MARAIS. Terrain dont la surface est couverte d'eau stagnante, et dont le sol est formé par un limon composé d'argile et de débris plus ou moins altérés de végétaux.

Sur les cartes coloriées, même teinte que pour les prés, et les flaques d'eau en bleu de Prusse. Sur les cartes non coloriées, un pointillé pour les prés et des hachures horizontales pour l'eau.

52. MARAIS SALANTS ou SALINS. Étendue de terrains plats, très-rapprochés de la plage, que viennent inonder les eaux de la mer et que l'on a disposés de manière à y retenir ces eaux et à en extraire par évaporation le sel marin qu'elles contiennent. Ces marais artificiels communiquent avec la mer au moyen d'une écluse et sont remplis à la marée haute ; ils sont divisés en une multitude de petites cases, séparées par de petites chaussées destinées à multiplier les surfaces pour accélérer l'évaporation.

Sur les cartes coloriées on les représente comme il suit : le terrain du côté opposé à la mer suivant sa nature, les petites chaussées de séparation, en minium, l'intérieur des cases en bleu de Prusse, le bord de la mer en teinte de sable (v. *Sable*), la mer en bleu verdâtre.

Sur les cartes non coloriées, les chaussées sont indiquées par deux traits parallèles, l'eau des cases par des hachures horizontales, les sables du bord de la mer par un pointillé très-léger, la mer par un filé parallèle au rivage et plus serré sur les bords.

53. MONT, MONTAGNE. On distingue sous le nom de *mont* ou *montagne* une élévation considérable de la surface terrestre. A l'exception des cônes volcaniques, il n'existe que peu de montagnes qui se dressent isolées au milieu des plaines ; presque toujours elles se présentent en grand nombre et reliées les unes aux autres. Si elles sont disposées circulairement autour d'un sommet central, elles constituent un *massif*, comme les Alpes, les Pyrénées, les montagnes de l'Auvergne ; si, au contraire, elles se succèdent sur une longue rangée, elles prennent le nom de *chaîne*, comme les Vosges, les Ardennes.

Les pentes, depuis la cime jusqu'à la base des montagnes, en sont les *flancs* ou *versants*.

Les montagnes d'une altitude de 100 à 300 mètres sont généralement désignées sous le nom de *collines* ou *mamelons*. On nomme *pic* une montagne de forme cônique très-élevée et dominante. Les cimes pointues sont des *aiguilles* ; les cimes de forme prismatique sont des *dents* ; les montagnes terminées par des cimes arrondies en forme de dôme se désignent sous le nom de *ballons* ; les *pitons* sont les montagnes qui se terminent en pain de sucre.

54. MOULINS à *vent en bois* et en *pierre*, à *eau*. Les *moulins à vent en bois* se composent d'une tour carrée en bois, à laquelle sont adaptées des ailes mobiles placées verticalement. La charpente de la tour est soutenue par une forte pièce de bois qui la traverse en partie, et autour de laquelle la tour peut tourner afin de présenter toujours les ailes au vent le plus favorable. Dans les *moulins à vent en pierre* la partie inférieure de la tour est en maçonnerie et a la forme cylindrique ; la partie supérieure mobile qui supporte les ailes est seule en bois.

Les *moulins à eau* ont ordinairement pour moteur une ou plusieurs roues hydrauliques, à aubes ou à augets, mises en mouvement par un cours d'eau ou une chute. Les *moulins à vapeur* ne diffèrent des moulins ordinaires que par leur moteur ; on a organisé beaucoup de ces derniers pendant le siége de Paris.

Le *moulin à vent en bois* se figure par un carré noir avec deux traits en X pour représenter les ailes ; — *en pierre* par un rond, rouge sur les cartes coloriées, ou formé de deux cercles concentriques sur les cartes non coloriées, avec deux traits en X ; — le *moulin à eau* ou *à vapeur*, par un bâtiment et une roue.

55. NIVELLEMENT. Le *nivellement* a pour objet de représenter sur le plan topographique le relief et les formes du terrain.

56. PASSAGE DE BATEAUX. Lieu où stationne un bateau pour transporter les voyageurs d'un bord de la rivière à l'autre.

Se représente par un petit bateau amarré à l'une des rives et auquel on arrive par deux sentiers pour piétons indiqués par une ligne en éléments de trait.

57. PASSAGES *de chemin de fer,* — *en dessous,* — *à niveau,* — *en dessus.*

N'ont pas besoin de définition. Dans le *passage en dessous,* le chemin de fer passant sous la route qui le coupe est surplombé par un pont, que l'on représente par deux traits rouges ou noirs perpendiculaires au chemin ; — *en dessus,* les deux traits marquant le pont sont parallèles au chemin de fer ; — *à niveau,* pas d'indication, le chemin de fer et la route qui se coupent sont indiqués tous les deux sans solution de continuité.

58. PENTE. Inclinaison d'un terrain. Une pente est dite douce ou raide, suivant qu'elle est peu ou beaucoup inclinée à l'horizon.

59. PHARE. Tour surmontée d'un fanal ou foyer lumineux qu'on établit le long des côtes pour indiquer pendant la nuit aux navigateurs le voisinage de la terre, un écueil, l'embouchure d'un fleuve, l'entrée d'un port. Dans ces dernières années, le génie militaire a également établi des phares dans les camps pour guider les patrouilles et autres services de nuit. Les phares-maritimes sont : *à feu fixe* et *à feu tournant* ou *à éclipse.*

Se représente par un bâtiment, rouge sur les cartes coloriées avec un ou deux petits ronds noirs et un point au milieu.

60. PITON (V. *Montagnes*).

61. PLAINES (V. *Prés*).

62. PLAN. Surface telle qu'en y appliquant dans tous les sens une règle droite, la règle coïncide parfaitement avec la surface. La surface des eaux tranquilles, telles que les lacs, les étangs, la mer calme, peut être considérée comme un plan. Ce plan est horizontal, c'est-à-dire perpendiculaire au rayon de la terre passant par cette surface et qu'on appelle la *verticale* du lieu. Tout plan parallèle à la surface des eaux tranquilles, est un *plan horizontal.* Toute ligne, droite ou courbe, tracée sur une surface horizontale, est une ligne horizontale.

63. PLANIMÉTRIE. La *planimétrie* ou *lever du plan* d'un terrain consiste à représenter sur une carte ou plan topographique, les routes, cours d'eau, villes, villages, bois, rochers, etc.... en général toutes les lignes et tous les objets qui existent à la surface du sol.

64. PLATEAU. Massif de terre élevé au-dessus du niveau de la mer. Un plateau de petite dimension est un sommet tronqué formant une surface plane. Un plateau vaste est une surface qui peut présenter de grands accidents de terrain et sur le contour de laquelle viennent prendre naissance des cours d'eau et s'appuyer des chaînes de montagnes.

65. POINTS DE NIVEAU. Points qui se trouvent à une même altitude, par suite sur le même plan horizontal (V. *Altitude*).

66. PONTS. Construction servant au passage d'un cours d'eau, d'un fossé, etc. Les ponts sont fixes ou mobiles.

— *en pierre.* Se composent d'un tablier en maçonnerie, reposant sur des arches, supportées elles-mêmes par des piles.

— *en bois.* Sont moins chers et plus rapidement construits que les ponts en pierre ; on en fait dont les culées (ou appuis du pont contre les rives) et les piles sont en maçonnerie.

— *en fer.* Sont construits comme les ponts en bois avec piles en pierre, avec cette différence que la fonte remplace le bois.

— *suspendus.* Sont imités des ponts de lianes ou de cordes des indigènes d'Amérique. Ils se composent d'un plancher supporté par des tiges verticales fixées à des câbles en fil de fer, quelquefois à des chaînes, qui décrivent un arc de cercle dont la convexité est tournée vers la terre. Ces câbles, fortement amarrés aux deux extrémités du pont, sont eux-mêmes supportés, au-dessus des rivières un peu larges, par un ou plusieurs grands massifs en maçonnerie. Certains de ces ponts sont à l'usage exclusif des piétons ; il en est de même pour quelques ponts en bois : dans ce cas on les désigne plus généralement sous le nom de *passerelle,* qui signifie : pont pour piétons.

— *levis.* — Partie d'un pont fixe qui peut s'élever en tournant autour d'un axe horizontal.

— *de bateaux,* dont les supports sont des bateaux. Ces ponts sont très-usités en campagne où leur construction est confiée : en France, au corps de l'artillerie; en Allemagne, au corps des pionniers qui relève de l'arme du génie. Dans certains équipages de ponts militaires, les bateaux sont remplacés par des *pontons* ou espèces de prismes ou de cylindres en cuivre ou en fer-blanc.

— Indications générales pour le dessin des ponts : en principe les maçonneries sont représentées en rouge sur les cartes coloriées. Sur les cartes non coloriées, les *ponts en pierre* sont figurés par deux doubles traits parallèles, dont un gros et un mince ; — *en bois,* par deux gros traits parallèles ; — *en fer,* par deux doubles traits minces et parallèles ; — *suspendus,* par deux lignes en éléments de trait, quand ils ne servent qu'aux piétons ; par deux doubles lignes, dont les extérieures en éléments de trait, quand ils donnent passage aux voitures ; — *levis* par deux traits se coupant diagonalement sur la partie mobile du pont; — *de bateaux,* de *pontons.* Le tablier ou plancher se figure, comme celui des ponts en bois, par deux gros traits parallèles. *Supports des ponts.* Les *piles en pierre* se figurent par de petits triangles; les *piles en bois* par des rectangles entièrement noirs; les *bateaux*, par des triangles en amont et des arcs de cercles en aval : les *pontons*, par des rectangles.

67. PRÉFECTURE, SOUS-PRÉFECTURE, CANTON. La *préfecture* est au chef-lieu du département où réside le préfet; elle se subdivise en *sous-préfectures* dont le siége est aux chefs-lieux d'arrondissements. Le *canton* est la subdivision de l'arrondissement; le chef-lieu de canton possède généralement : une justice de paix, un bureau de perception, de la poste, de l'enregistrement, une brigade de gendarmerie.

Sur les cartes on indique : la *préfecture* par les lettres PR inscrites dans un carré; la *sous-préfecture* par les lettres SP inscrites dans un losange; le chef-lieu de *canton* par les lettres CT inscrites dans une ellipse.

68. PRÉS ou PRAIRIES. Terrain frais et humide qui produit l'herbe et les fourrages nécessaires aux animaux, fourrages que l'on fauche pour les conserver sous le nom de *foin*. Les *prairies* diffèrent des *pâturages* ou *pacages* en ce que, dans ces derniers, les bestiaux consomment sur place, ce qui n'a jamais lieu dans les prairies bien ordonnées.

Sur les cartes coloriées, les *prés* se figurent par une teinte vert bleu que l'on obtient par un mélange d'indigo avec une faible quantité de gomme-gutte; sur les cartes non coloriées, par un pointillé très-serré formant une teinte unie.

69. PROFIL ou COUPE. Ligne que l'on obtient en coupant la surface du terrain par un plan vertical.

70. PROJECTION. On appelle *projection d'un point* le pied de la verticale abaissée de ce point sur la surface de la mer, que l'on suppose prolongée au-dessous des terres; *projection d'une ligne*, le pied des verticales abaissées de tous les points de cette ligne (route, ruisseau, division de culture, etc.) sur cette même surface horizontale (V. *Plan*).

71. PUITS. Excavation artificielle, ordinairement de la forme d'un cylindre droit, qui est pratiquée dans le sol et destinée à réunir les eaux qui coulent ou s'infiltrent dans l'intérieur de la terre. On puise l'eau au moyen d'une pompe aspirante quand l'eau n'est pas trop loin de la surface du sol; ou, quand le puits est profond, au moyen de seaux fixés à une corde ou à une chaîne qui s'enroule autour d'une poulie.

Se figure par deux cercles concentriques coupés de hachures horizontales; sur les cartes coloriées les deux cercles sont rouges et les hachures bleues.

72 RAVIN. Vallée à flancs abrupts et à fond encaissé.

73. REMBLAI. Terres rapportées et battues pour élever un terrain ou combler un creux.

74. RIVIÈRES, RUISSEAUX, ÉTANGS. On appelle *rivière* une masse d'eau courante dans un lit; quand elle se jette dans la mer, la rivière est appelée *fleuve*. Le *ruisseau* ou *rû* est le nom sous lequel on désigne les petites rivières non navigables. L'*étang* est une pièce d'eau sans courant, ordinairement retenue par une digue et où l'on nourrit du poisson.

Le *cours d'eau* qui perd son nom en se jetant dans un autre est l'*affluent* de celui-ci. On appelle *confluent* de deux cours d'eau le point où ils se réunissent pour se confondre dans un lit unique.

Sur les cartes coloriées, la *rivière* est représentée par deux traits bleus indiquant les sinuosités des rives et plus ou moins écartées selon la largeur de la rivière réduite à l'échelle, avec une teinte bleue plus foncée aux bords qu'au milieu pour figurer l'eau. — Sur les cartes non coloriées, les rives sont en noir et la teinte bleue est remplacée par un filet noir parallèle aux rives et formant une teinte dégradée vers le milieu. Une flèche noire indique dans quel sens coule la rivière et l'on distingue la rivière du fleuve en ajoutant la lettre R ou les lettres FL au nom du cours d'eau. Exemple : *Oise*, R. SEINE FL.

— Sur les cartes coloriées, les *ruisseaux* sont figurés par un seul trait bleu, mince à la source et allant en grossissant jusqu'à l'embouchure; sur les cartes non coloriées le trait est noir.

Les *étangs* sont représentés sur les cartes coloriées par un trait bleu indiquant le contour et une teinte bleue ou des hachures bleues plus serrées vers les bords qu'au milieu; sur les cartes non coloriées, le contour et les hachures sont noirs.

75. ROCHERS. Masse de pierre très-dure adhérente à la terre et faisant corps avec elle.

Les rochers se présentent par des hachures irrégulières, mais toujours dirigées dans le sens de la pente, et par de gros traits noirs indiquant les cassures.

76. ROUTES. Pour les *routes* et les *chemins* nous avons dû conserver les anciennes dénominations usitées au Dépôt de la guerre, chargé de la Carte de l'état-major. Depuis l'adoption de ces termes, la législation a modifié le classement des routes et des chemins; voici où en est aujourd'hui ce classement :

1° Les *routes nationales* (royales ou impériales) sont construites et entretenues sur le budget de l'État, par le corps des *ingénieurs des Ponts et Chaussées*, assisté de *conducteurs*. Elles se divisent en deux classes : la 1re comprend celles qui, partant de la capitale, relient celle-ci aux grands ports ou aux points principaux de la frontière pour de là gagner les capitales voisines; la 2e classe comprend les routes qui relient certaines localités importantes comme la route de Strasbourg à Lyon, par Belfort et Besançon. Leur largeur est de 14 ou de 12 mètres, suivant la classe.

2° Les *routes départementales* sont construites et entretenues sur le budget spécial à chaque département; elles relient le chef-lieu aux principales localités du département ou deux chefs-lieux de département entre eux. Ces dernières, d'une largeur uniforme de 10 mètres, constituaient avant 1810 le réseau des routes impériales de 3e classe que beaucoup de traités mentionnent encore par erreur.

Jusqu'en 1871, les routes départementales, quoique entretenues aux frais des départements, appartenaient au service des ingénieurs des Ponts et Chaussées. Une loi récente autorise les départements représentés par les conseils généraux, à confier ce service aux *agents-voyers* ou ingénieurs de la voirie, dont l'organisation est essentiellement départementale. Ils ne relèvent en rien de l'État et n'ont pas un recrutement exclusif et spécial comme les ingénieurs des Ponts et Chaussées, qui sortent tous de l'École polytechnique ; le recrutement parmi les *conducteurs* devant être considéré comme illusoire à cause de la difficulté exagérée des examens d'admission. La largeur de ces routes varie de 8 à 10 mètres.

3° Les *chemins vicinaux* forment trois catégories, savoir : les *chemins de grande communication*, les *chemins d'intérêt commun* et les *chemins vicinaux ordinaires*. Les trois catégories sont *classées*, ce qui veut dire qu'elles ont légalement une part au budget départemental ou communal.

Les deux premières catégories participent aux deux budgets et ne diffèrent que peu des routes départementales. Comme ces dernières elles relèvent du préfet et du conseil général ; les communes y contribuent par les deux tiers des *prestations* en travail fixées, en France, à trois jours pour tout citoyen âgé de 18 à 60 ans.

Les *chemins vicinaux ordinaires* relèvent exclusivement des maires et des conseils municipaux.

Les *chemins d'intérêt commun* n'existent légalement que depuis 1836 et tendent à disparaître. Pour éviter la confusion, on fera rentrer les moins importants dans le réseau des *chemins vicinaux ordinaires* et les plus importants dans celui des *chemins de grande communication* qui ne tardera pas à se confondre avec celui des routes départementales.

La largeur des chemins vicinaux varie de 6 à 8 mètres ; mais, pour toutes les catégories de routes et de chemins, cette largeur n'a rien d'absolu et augmente toujours à proximité des localités importantes. Ainsi, aux approches de Paris, les routes nationales deviennent des avenues d'une largeur de 30, 40 et 50 mètres.

4° Les *chemins ruraux* appartiennent aux communes ou à des particuliers. Même dans le premier cas, ils ne sont pas *classés*, c'est-à-dire que légalement ils n'ont droit à rien. Les maires les entretiennent au moyen des excédants des prestations, excédants bien rares. Aussi les chemins ruraux sont-ils presque tous tracés en sol naturel, sans pavé, macadam, ni empierrement : ce ne sont en définitive que des sentiers élargis.

Les chemins *d'exploitation* rentrent naturellement dans la catégorie des chemins ruraux ; comme ces derniers ils peuvent être d'intérêt communal ou particulier.

— Les *routes nationales* se représentent par deux doubles traits parallèles plus ou moins écartés l'un de l'autre selon l'échelle du plan, plus deux traits légers parallèles au milieu de la route. Sur les cartes coloriées, la bande du milieu est teintée en carmin léger.

Les *routes départementales* se représentent par deux doubles traits parallèles ; les *chemins vicinaux*, par deux traits parallèles ; les *chemins ruraux*, par un trait plein et l'autre en éléments de trait ; les *chemins d'exploitation*, par deux lignes parallèles en éléments de trait.

77. RUINES. Débris d'un édifice abattu, d'une ville détruite.

Se représentent par des éléments de trait, rouges sur les cartes coloriées, noirs sur les cartes non coloriées.

78. SABLES, GALETS et DUNES. *Sable*, terre fine, sèche, légère, mélangée de petits grains de gravier. *Dunes*, monticules ou collines de sable sur les bords de la mer. *Galets*, pierres de différentes formes et natures, roulées par la mer.

Les *sables* se représentent par un pointillé très-léger ; les *dunes*, par des hachures disposées en rond ; sur les cartes coloriées on recouvre le dessin d'une teinte jaune légèrement orangée que l'on obtient en mélangeant la gomme-gutte avec un peu de carmin. Les *galets* sont figurés par des points de forme irrégulière, recouverts sur les cartes coloriées par une teinte de sable rembrunie avec un peu d'encre de Chine.

79. SÉMAPHORE. Sorte de télégraphe usité sur les côtes et dans les ports, et destiné à faire connaître les arrivées ainsi que les manœuvres des navires venant de la pleine mer. C'est un mât établi sur un point bien en vue et où les guetteurs ou vigies font les signaux convenus. Ces signaux s'effectuent soit au moyen de pavillons de diverses couleurs, soit au moyen de bras ou d'ailes tournantes comme celles des anciens télégraphes aériens.

On indique l'emplacement d'un sémaphore par les trois lettres SÉM.

80. SENTIER. Chemin étroit à travers champs ou bois, ne donnant passage qu'à un homme ou à une bête de somme.

Les *sentiers* pour bêtes de somme sont figurés par une ligne pleine ; les sentiers pour hommes par des éléments de trait.

81. SIGNAL. Terme usité en géodésie pour indiquer les mâts, pyramides ou autres constructions, élevés sur des points visibles à de grandes distances, et qui ont servi à la triangulation. Ces *signaux* ou *points trigonométriques* sont de la plus haute importance, car ils servent de points de repère dans les levers topographiques.

On les représente par un triangle avec un point au milieu.

82. SOMMET. Partie la plus élevée d'une montagne, d'une hauteur ; il en est le point culminant. En parlant d'un sommet très-élevé, on dit la cime. Par exemple, la cime du Mont-Blanc.

83. STATION. Se dit de toute gare intermédiaire de chemin de fer. Se représente comme tout autre bâtiment en pierre ou en bois.

84. TÉLÉGRAPHE. Appareil au moyen duquel on transmet à de grandes distances des nouvelles, des avis ou des ordres, à l'aide de signaux représentant des lettres de l'alphabet, des syllabes, des mots ou des chiffres. Les télégraphes *aériens* ont été partout remplacés par des télégraphes *électriques*.

La station du télégraphe s'indique par une maison traversée par un trait aux extrémités duquel on figure deux petits carrés.

85. THALWEG. Mot allemand qui signifie chemin de la vallée. Le *Thalweg* suit la ligne de la réunion des eaux, c'est-à-dire la ligne d'intersection de deux versants opposés ; il est ordinairement indiqué sur le terrain par une rivière, un ruisseau ou un fossé.

86. TOPOGRAPHIE. La *topographie* est l'art de représenter sur un dessin tous les détails de la superficie d'un terrain de peu d'étendue.

87. TOUR. Bâtiment d'une grande hauteur par rapport à sa base, de forme ronde, carrée ou à pans.

Se représente par deux cercles concentriques, rouges sur les cartes coloriées, noires sur les autres.

88. TOURBIÈRES. Gisements de tourbe. La *tourbe* est une matière d'un brun noirâtre, qui se forme sous les eaux par l'accumulation et la décomposition de différentes plantes aquatiques. Il s'en produit journellement dans les marais; desséchée, elle fournit un combustible très-usité dans les pays marécageux.

Les *tourbières* se représentent par un mélange de prés et d'eau.

89. TUNNEL. Passage pratiqué sous terre.

L'entrée d'un tunnel est figurée en rouge sur les cartes coloriées, en noir sur les autres. Le chemin de fer, le canal ou la route sont représentés, dans leur parcours sous le tunnel, par des éléments de trait.

90. VALLÉE. On appelle *vallée* la surface concave formée par la rencontre de deux versants qui reçoivent souvent, dans ce cas, le nom de *flancs* ou *berges*.

91. VERGERS. Lieu clos planté d'arbres fruitiers en plein vent.

Se représentent comme les jardins (V. *Haies et Jardins*). Sur les cartes coloriées on les recouvre d'une teinte intermédiaire entre celles des prés et des bois; on l'obtient par un mélange égal d'indigo et de gomme-gutte.

92. VERSANT (V. *Montagnes*).

93. VIADUC. Pont en arcades, semblable à un aqueduc, et construit comme lui au-dessus d'une route, d'un vallon ou d'une rivière, et destiné au passage d'un chemin de fer; tandis que l'aqueduc est exclusivement destiné à conduire les eaux.

Se représente comme un pont ordinaire en maçonnerie; en rouge sur les cartes coloriées.

94. VIGNES. Étendue de terre plantée de ceps de *vigne*, arbrisseau sarmenteux, originaire d'Asie, et qui produit le raisin.

Sur les cartes coloriées on les représente par un trait noir comme contour, avec une teinte violette à l'intérieur. Cette teinte s'obtient par un mélange de carmin, d'indigo et d'une très-faible quantité d'encre de Chine. Sur les cartes non coloriées, contour noir et à l'intérieur un pointillé disposé parallèlement au contour.

95. VILLES. Assemblage de maisons disposées par rues et renfermant une population de plusieurs milliers d'âmes au moins. Une ville est dite *ouverte* quand aucune barrière ne la sépare de la campagne environnante; *fermée*, quand elle est entourée d'un simple chemin de maçonnerie, comme beaucoup d'anciennes villes fortes déclassées; *fortifiée*, quand elle est entourée d'un système complet d'ouvrages fortifiés.

Sur les cartes coloriées, les pâtés de maisons sont teintés en rouge, les édifices publics en rouge foncé; sur les cartes non coloriées, les pâtés de maisons sont teintés en hachures noires, les édifices publics en noir foncé.

N. B. On rend une carte très-claire en se bornant à mettre en *rouge* les villes et les maisons, en *bleu* les rivières et les ruisseaux. Les teintes peuvent se remplacer par de petites légendes et même par de simples initiales. Exemple : B pour bois, V pour vignes, P pour prés, etc.

FIN

13 535. — Typographie Lahure, rue de Fleurus, 9, à Paris.

10,000e

ÉDIFICES ET OBJETS DIVERS.

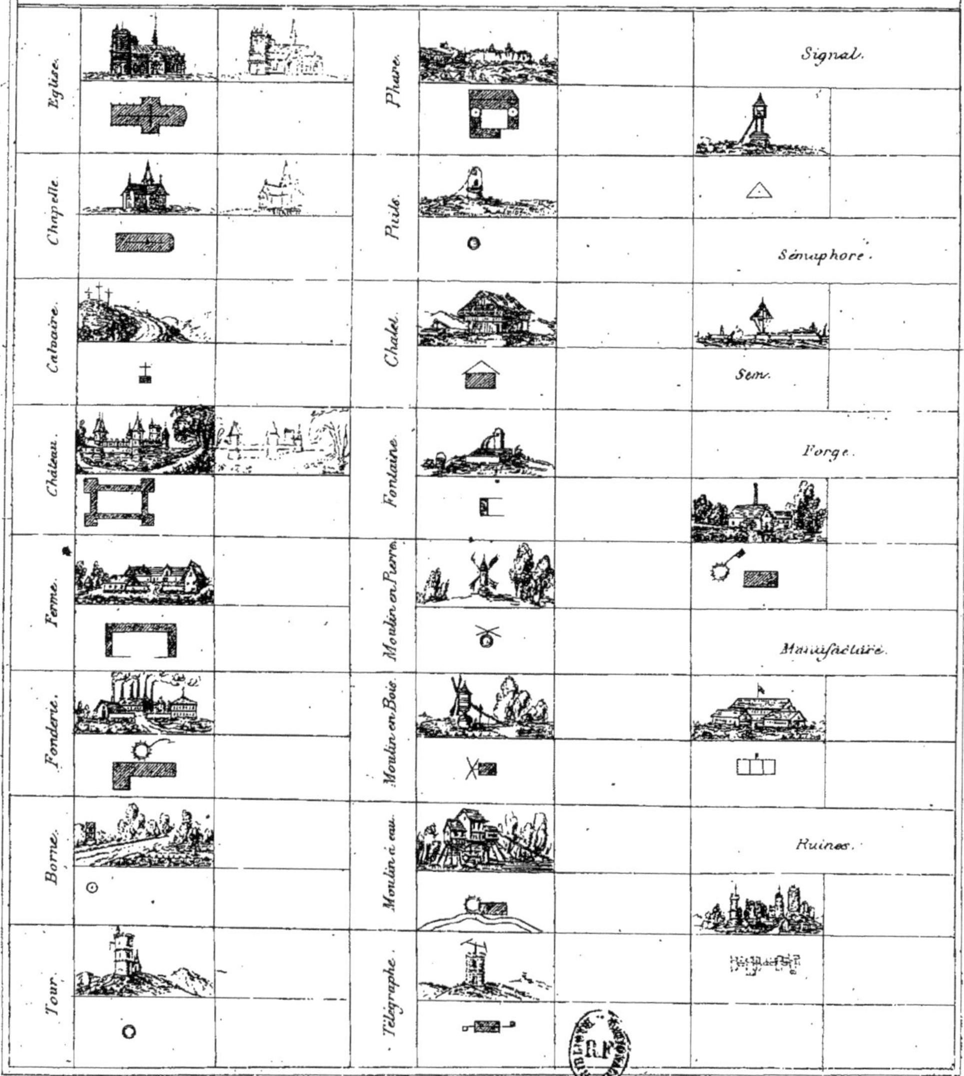

Baxraces. Hennequin Graveur. Imp. Michelet, Paris.

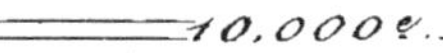

CONSTRUCTIONS.

BOURGS OU VILLAGES.

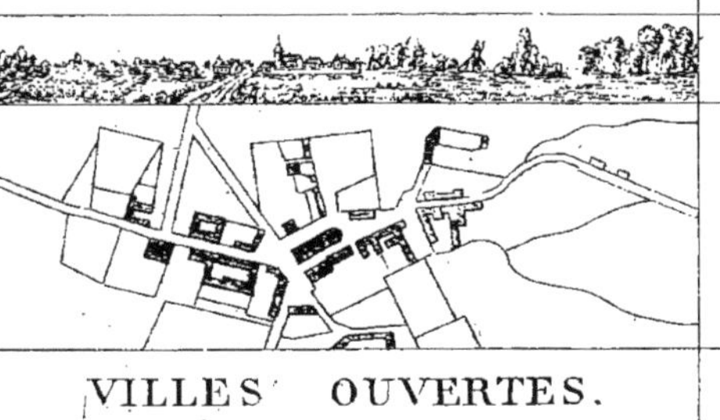

VILLES OUVERTES.

VILLES FERMÉES.

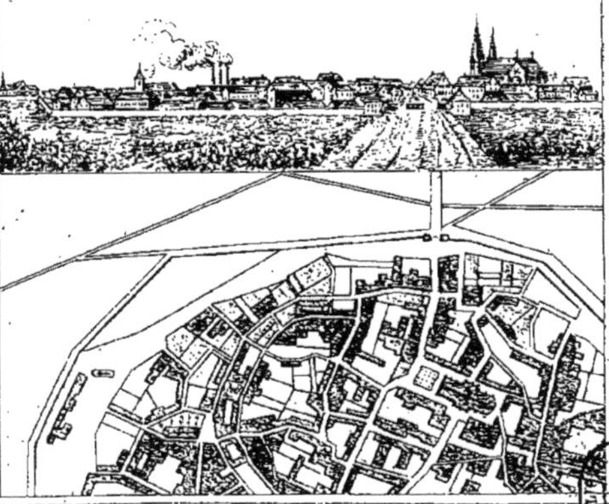

Exercices. — Hennequin Del. Sculpt.

VILLES FORTIFIÉES.

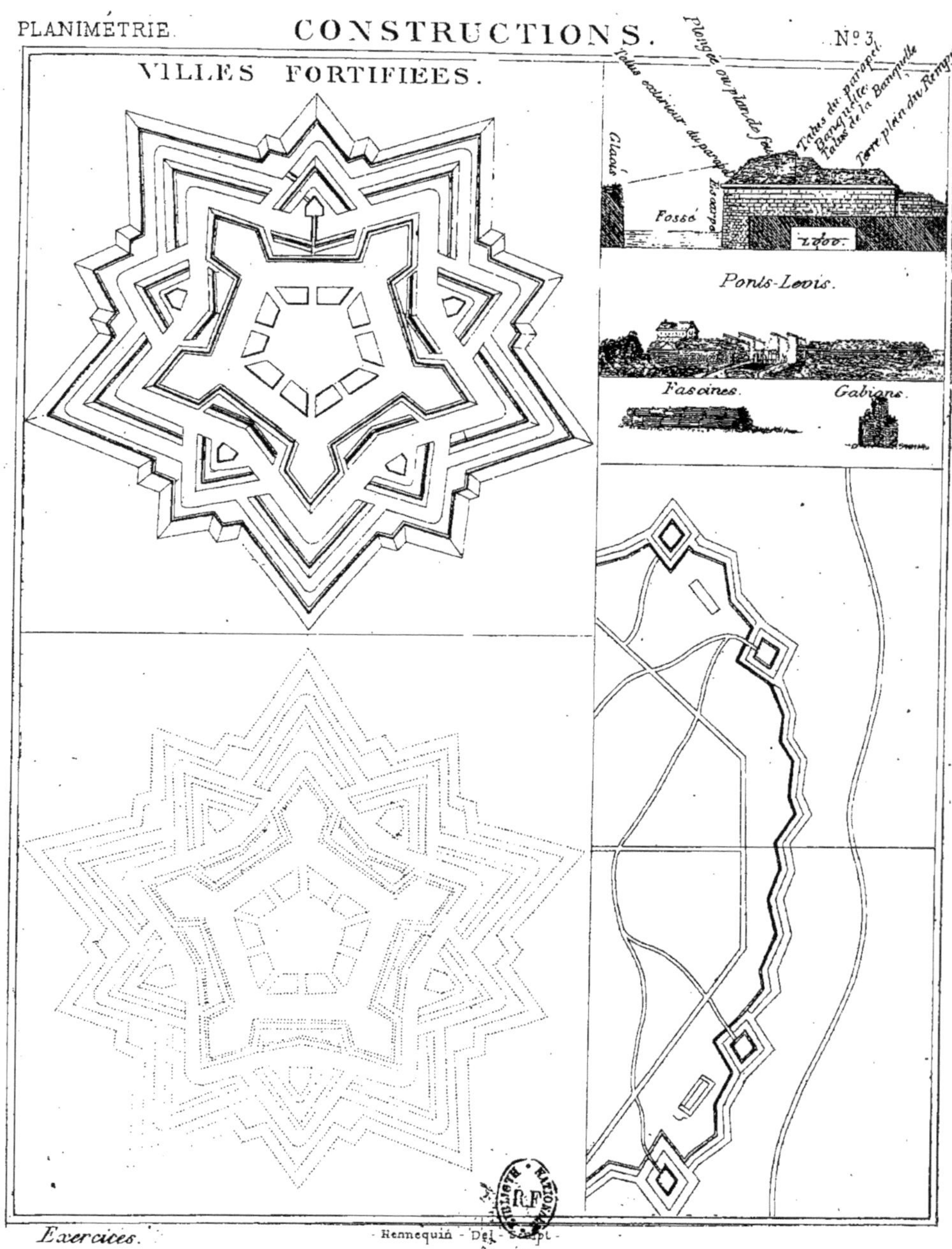

10,000°
CHEMINS DE FER.
Embarcadère P.al
Station.
Déblais.
Remblais.
Tunnel.
Chemin de Fer en Corniche.
Viaduc.
Pont.
Passages.
En dessous.
à Niveau.
En dessus.
L'exercices.
Hennequin fil. Sculpt.

$=10,000^e=$

VOIES DE COMMUNICATION.

Routes Nationales.

Tracées ouvertes Terminées.

Routes Départementales.

Routes Nat.^les
pavées, bordées d'arbres et sans arbres.

Routes Dép.^les
Macad.^isées bordées d'arbres et sans arbres.

Routes Dép.^les
en bois, bordées d'arbres et sans arbres.

Routes en terrain naturel.

Routes.
encaissées   en chaussée

VOIES DE COMMUNICATION.

Routes auxiliaires de Grᵈᵉ Commⁿⁱᵒⁿ Classées.

avec arbres.

Chemins d'exploitation.

Chemins Vicinaux ou Ruraux.

Chemins de grande Communication

Chemins Communaux Classés.

Sentiers.

Pour les bêtes de somme.

Pour les Hommes.

CLÔTURES.

Clôtures.	enlevée de terre avec arbres et sans arbres.			
	Clôtures en haie.			
	en Pierre.			
	en Fossé.			

COURS D'EAU.

Pont en Pierre.

Pont Levis avec abords en Bois.

Pont en Bois avec piles en pierre.

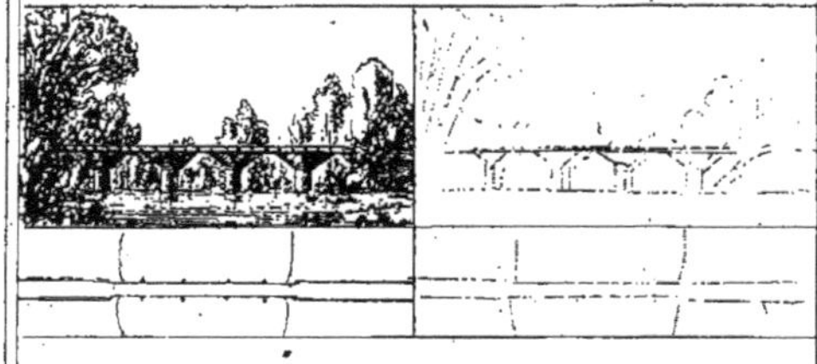

Pont en Fer.

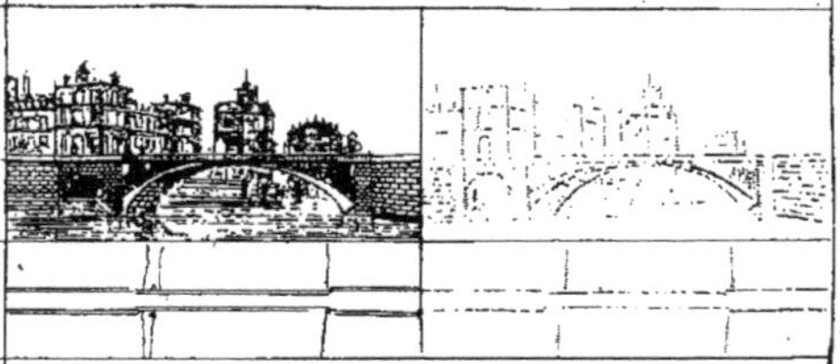

Pont tout en Bois.

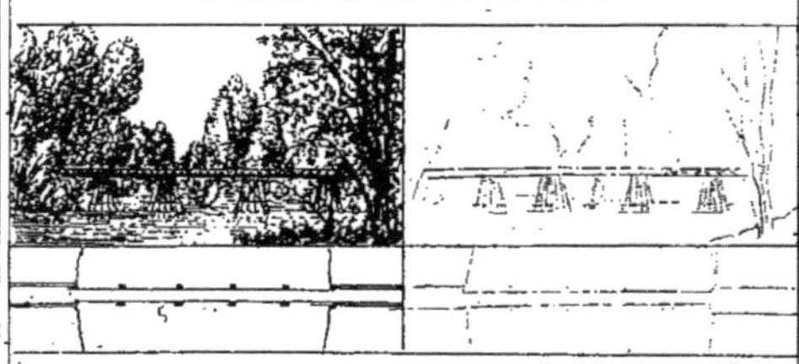

Pont suspendu pour Voitures.

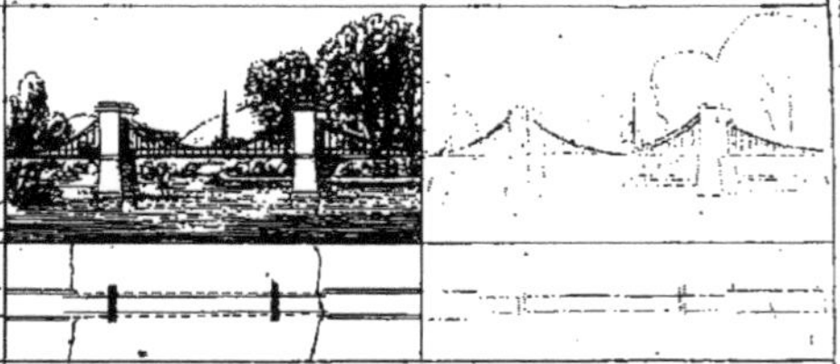

Pont-Levis avec abords en Pierre.

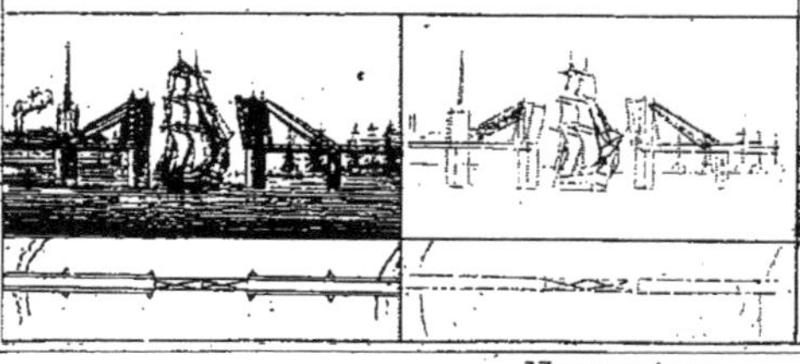

Pont suspendu pour Piétons

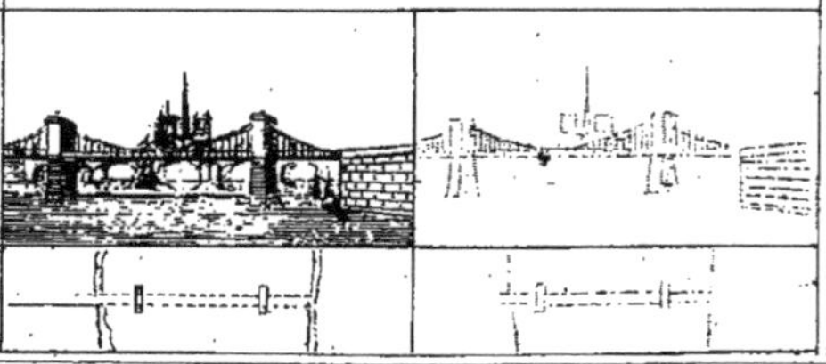

Exercices.

Exercices.

-Hennequin-Del-Sculpt-

10,000e.

COURS D'EAU.

Pont de Pontons.	Passage de Bateaux.
Pont de Bateaux.	Gué pour les Voitures.
Bac à Traille.	Gué pour les Hommes.
Bac.	Barrage.

Exercices.

Exercices.

- Hennequin - Del - Sculpt -

COURS D'EAU.

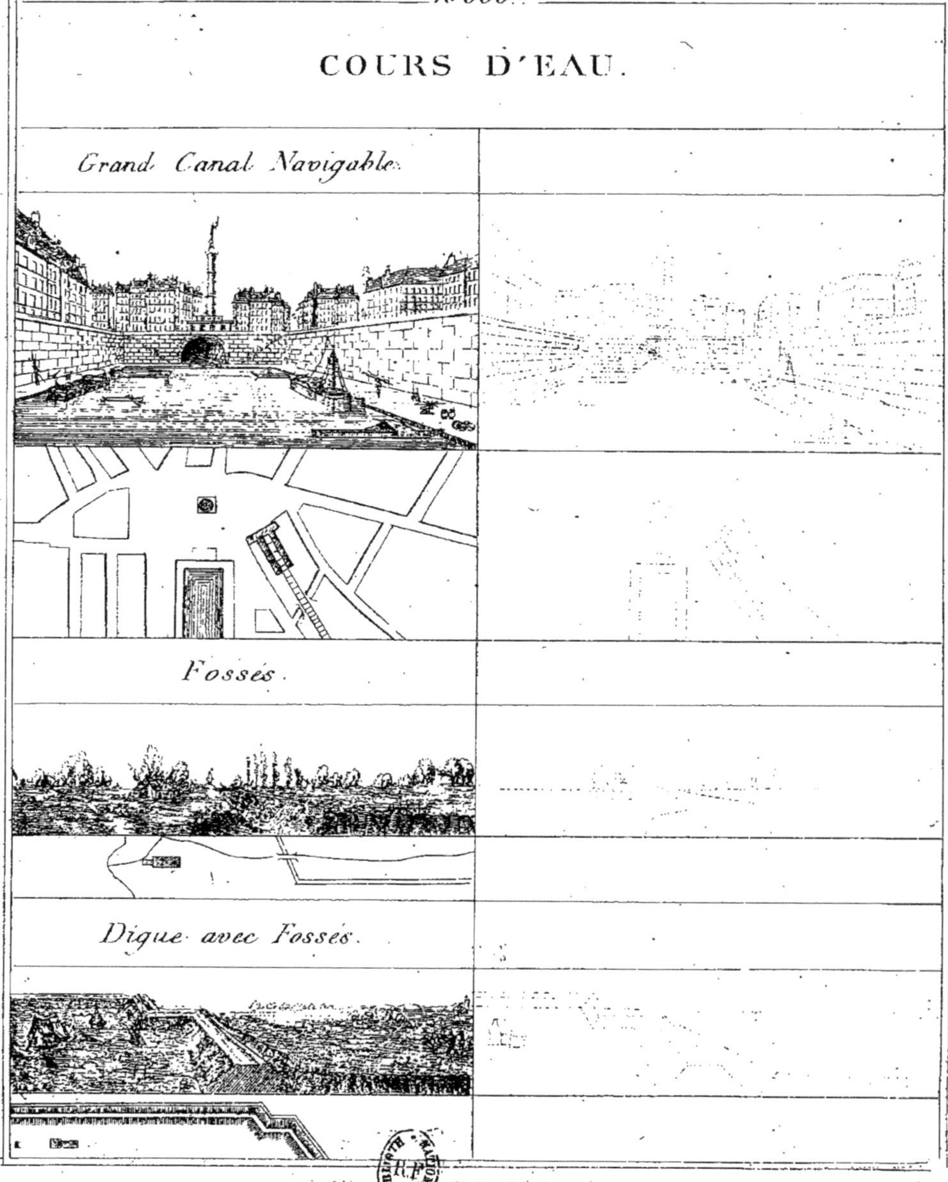

COURS D'EAU.

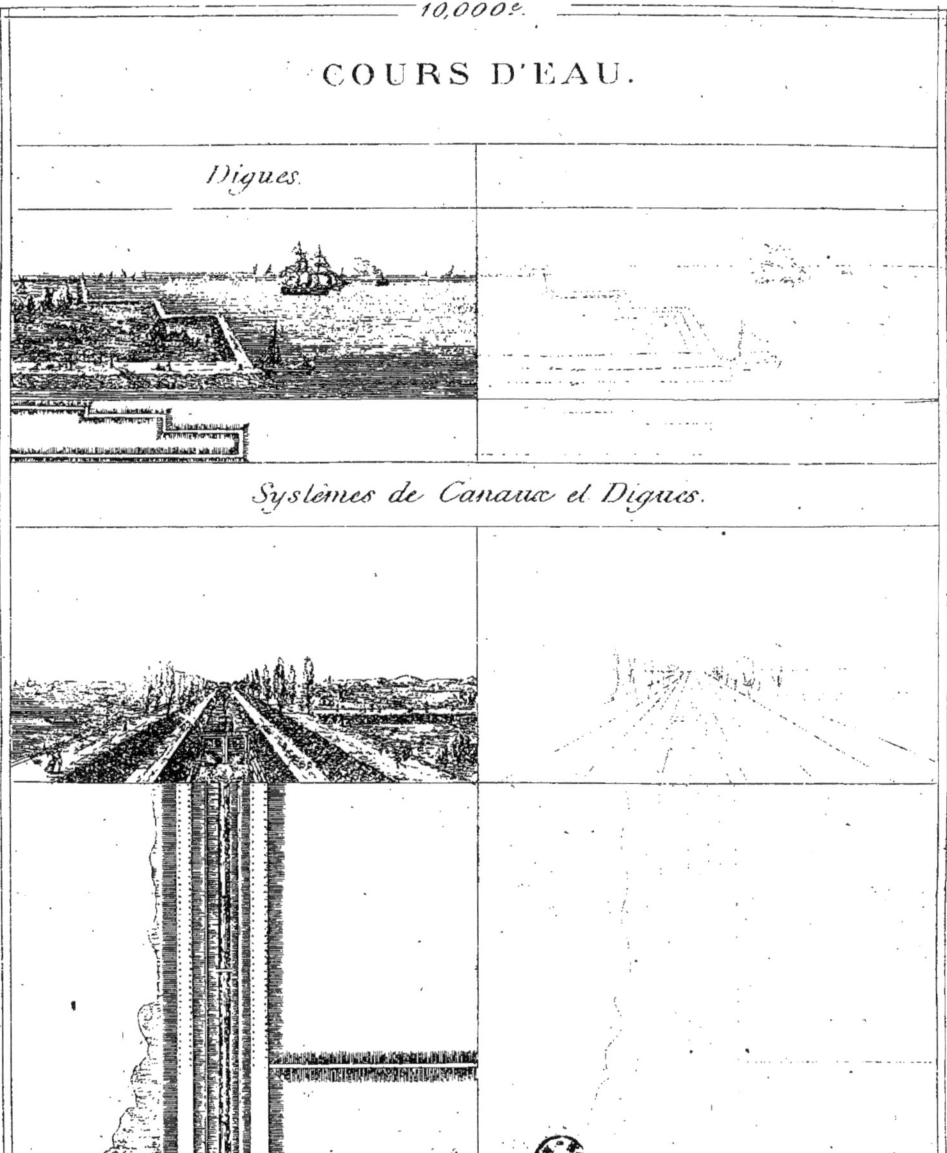

DIVISIONS DE CULTURE.

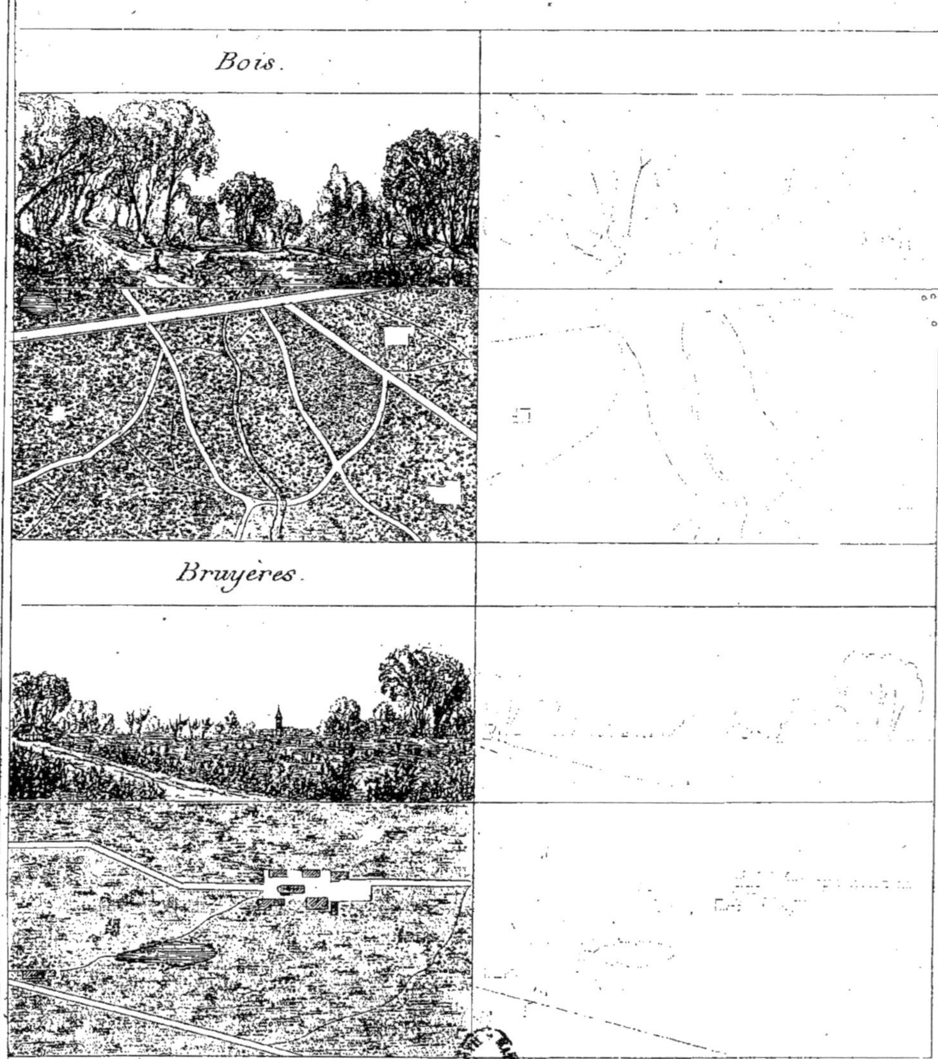

-Hennequin — del. Sculpt - *Exercices*.

_10,000ᵉ._

DIVISIONS DE CULTURE.

Marais.

Tourbières.

Hennequin Del - Sculpt

Exercices.

DIVISIONS DE CULTURE.

10,000ᵉ

DIVISIONS DE CULTURE.

Vergers.

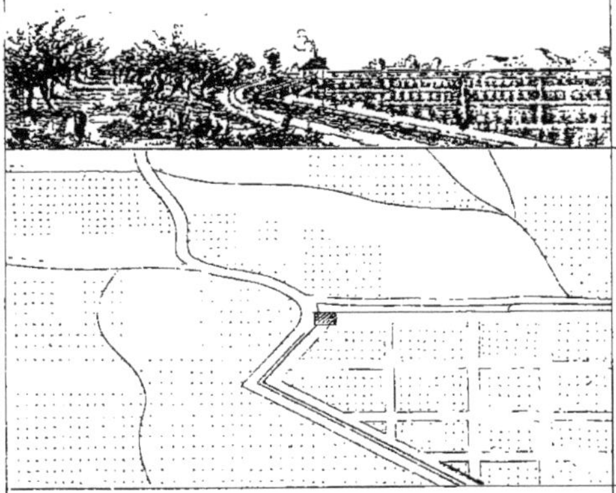

Vignes.

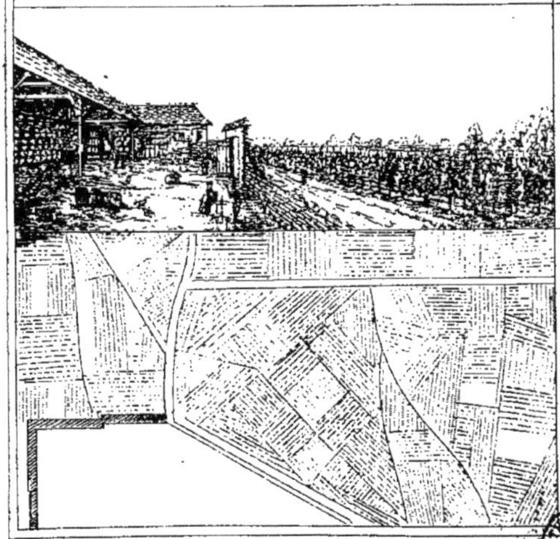

Exercices. —Hennequin Sculpt·

=10.000ᵉ=

DIVISIONS DE CULTURE.

Sables Galets et Dunes.

Marais salins.

Exercices.

Hennequin Sculp.

10,000

DIVISIONS DE CULTURE.

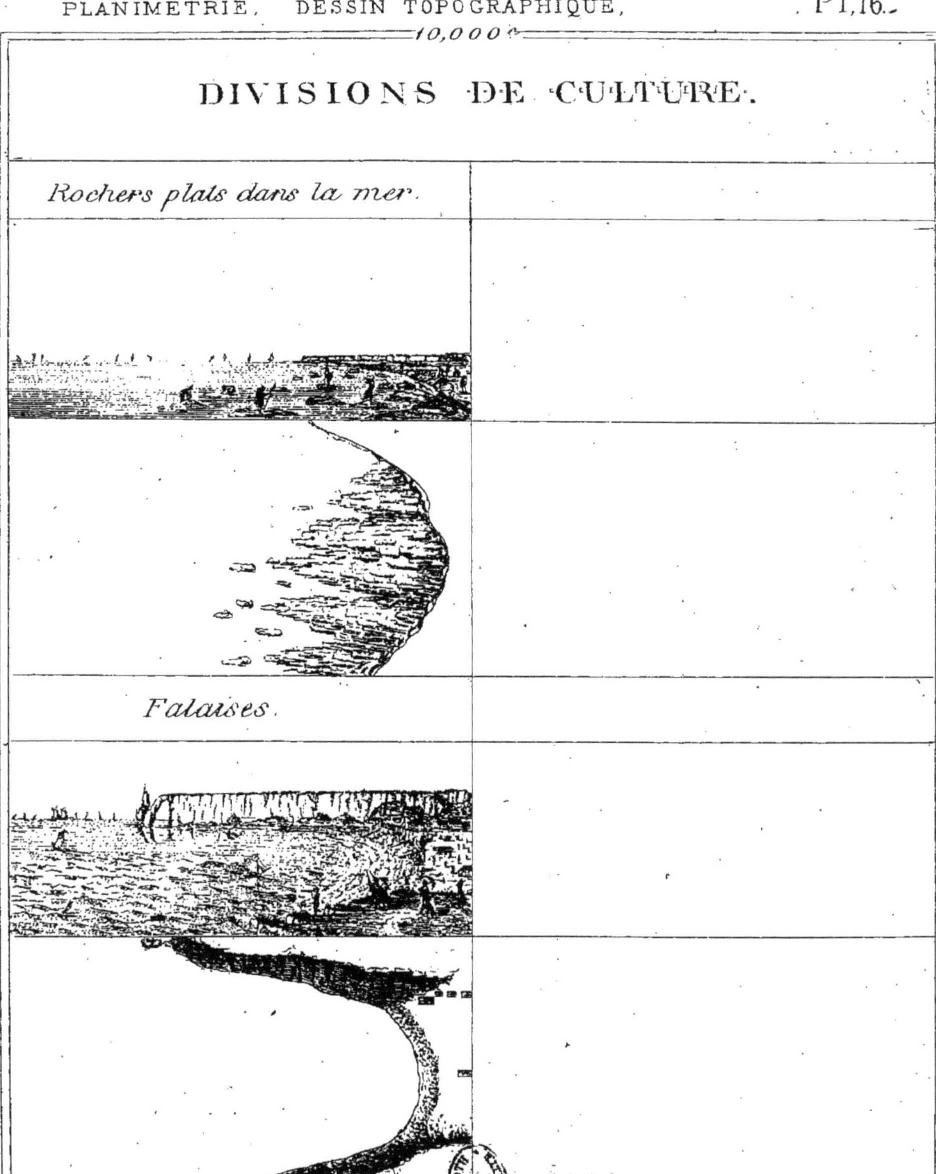

Rochers plats dans la mer.

Falaises.

Hennequin Del. Sculp.

10,000e.

SIGNES ADMINISTRATIFS.

Limite d'Etat.	*Limite de Canton.*
Limite de Département.	*Limite de Commune.*
Limite d'arrondissement.	PRÉFECTURE (PF) SOUS-PRÉFECT. (SP) *CANTON* (CT)

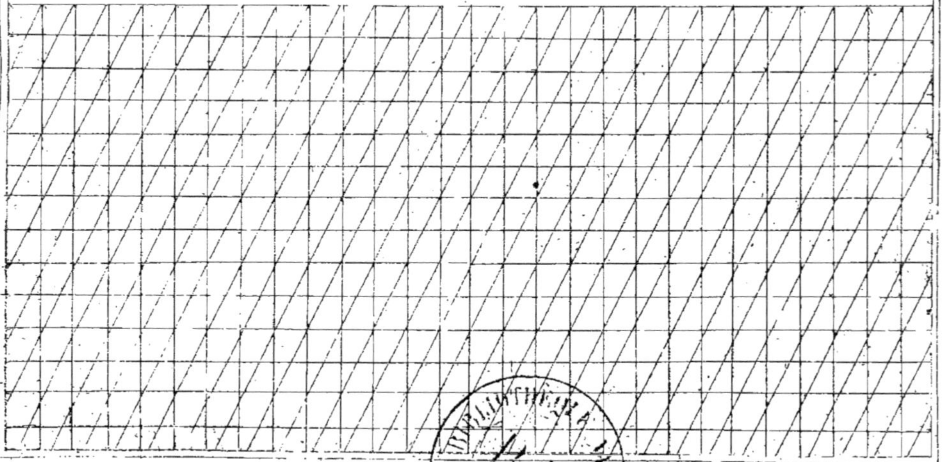

Exercices.

Hennequin Del. Sculpt.

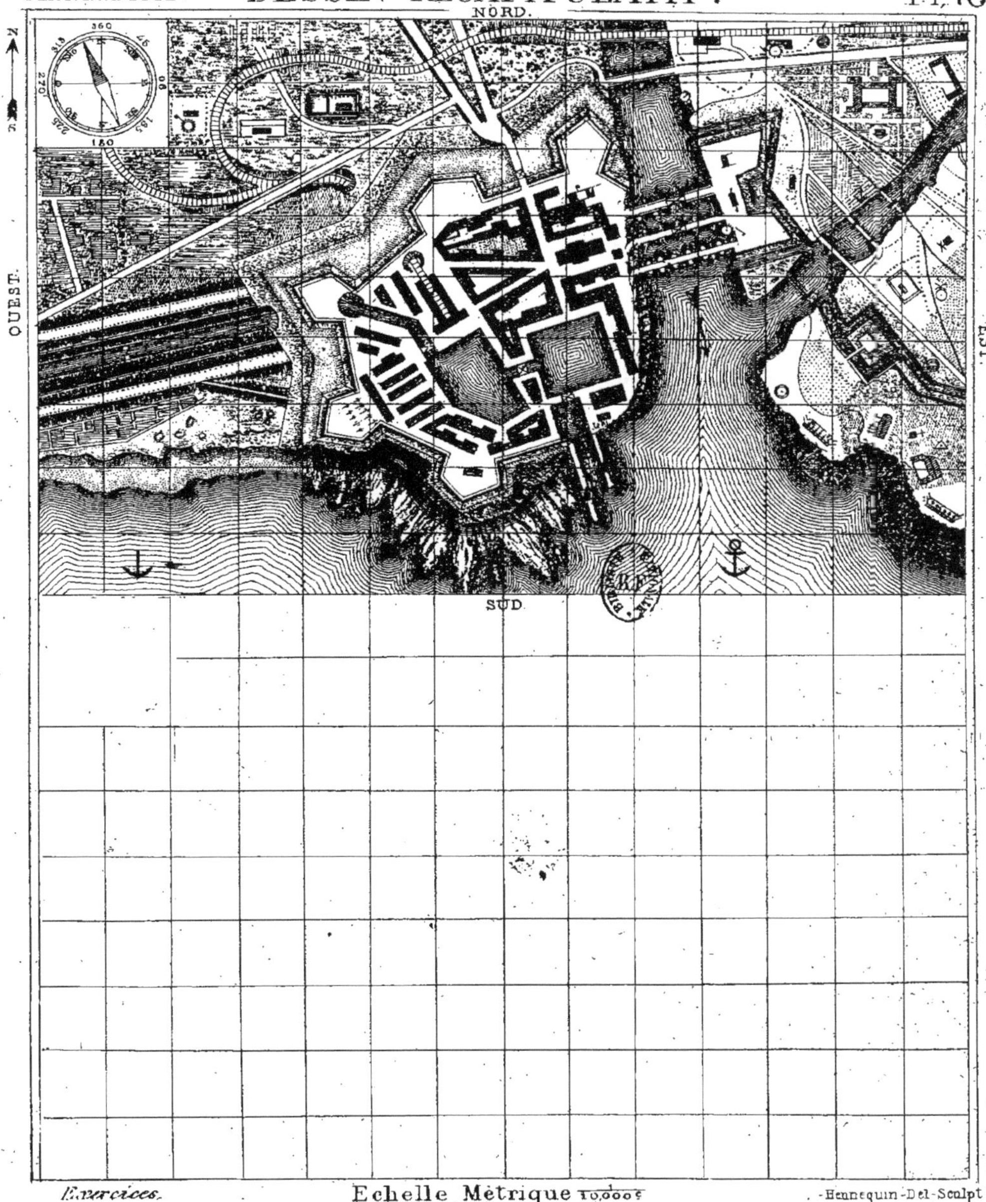
NORD.
OUEST.
EST.
SUD.
N
S

Exercices.
Echelle Métrique 1/10,000ᵉ
Hennequin Del-Sculpt

DIFFÉRENTES FORMES DU RELIEF DU TERRAIN.

EXPRIMÉES EN COURBES DE NIVEAU

Sommet.

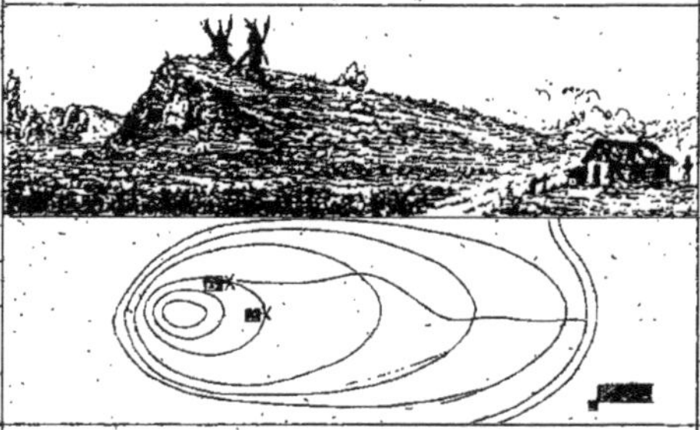

Col et Thalweg.

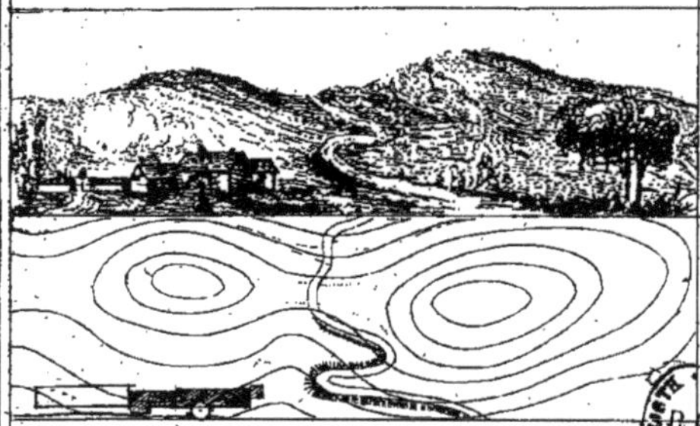

Vallée.

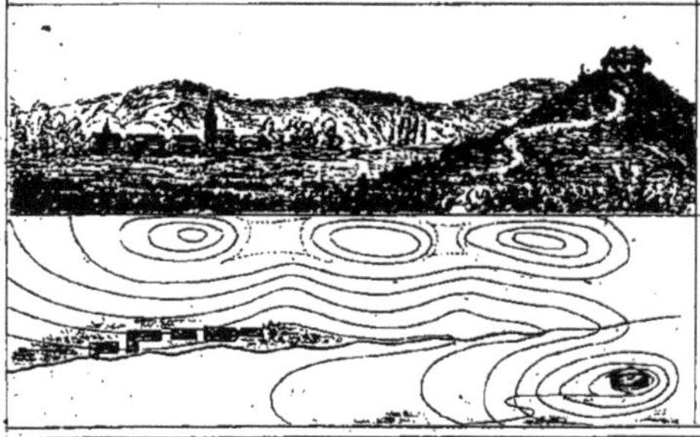

-Hennequin-Del-Sculpt-

DIFFÉRENTES FORMES DU RELIEF DU TERRAIN.

EXPRIMÉES EN COURBES DE NIVEAU

Ravin.

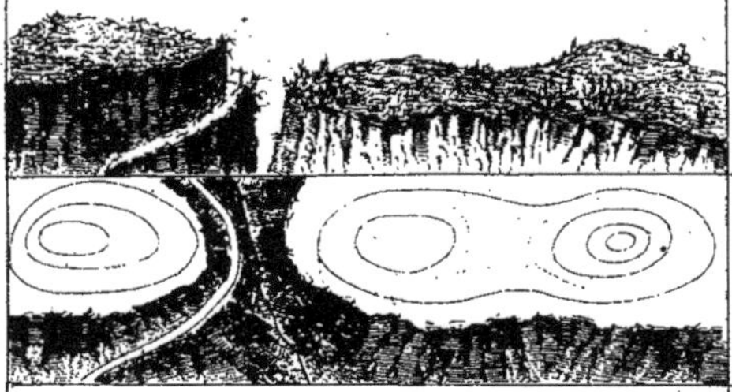

Rochers et Glaciers.

Ligne de Faîte.

-Hannequin-Del-Sculpt-

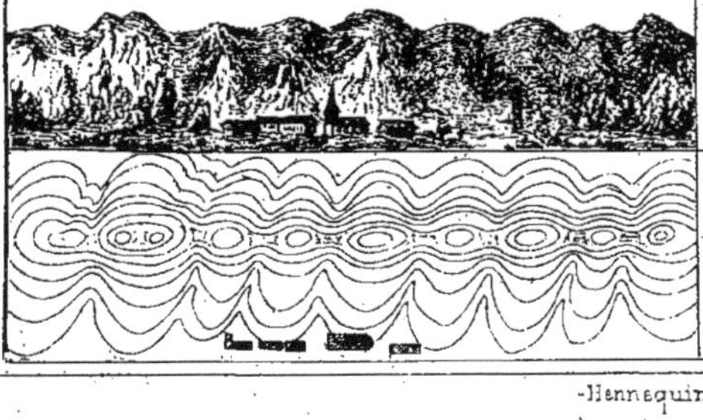

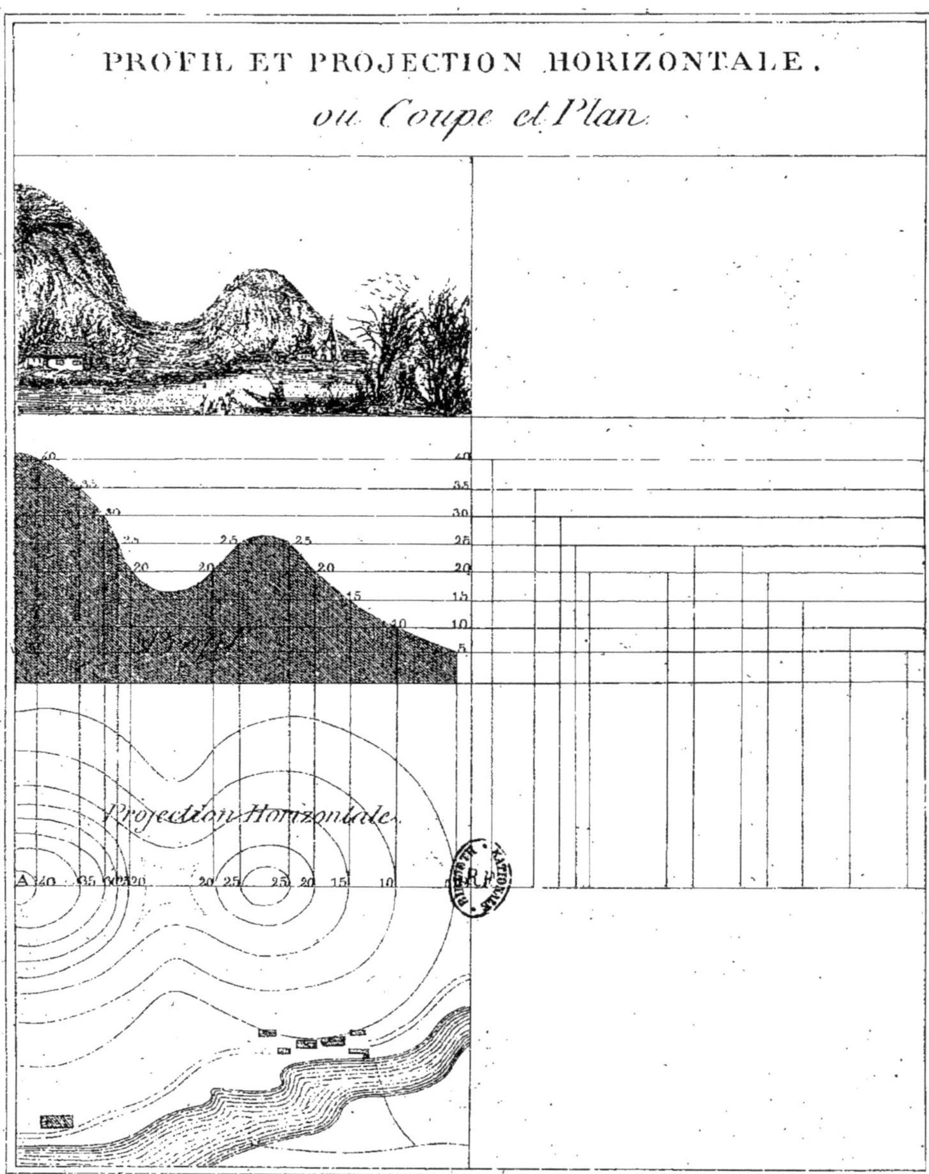
PROFIL ET PROJECTION HORIZONTALE.
ou Coupe et Plan.
Profil.
Projection Horizontale.
Hennequin Del - Sculp.

PROFIL ET PROJECTION HORIZONTALE.

Courbes de Niveau.

A. Pente rapide. B. Pente douce.

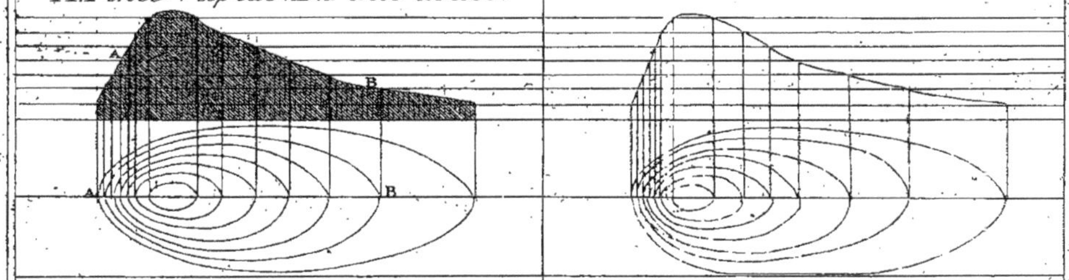

Pente égale des deux côtés.

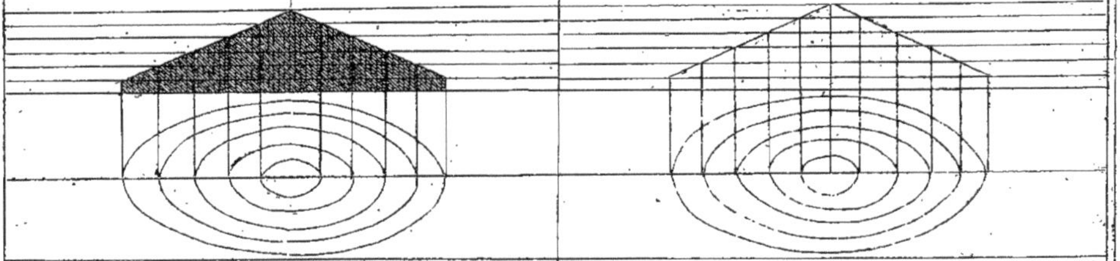

Piton escarpé dont la pente est douce.

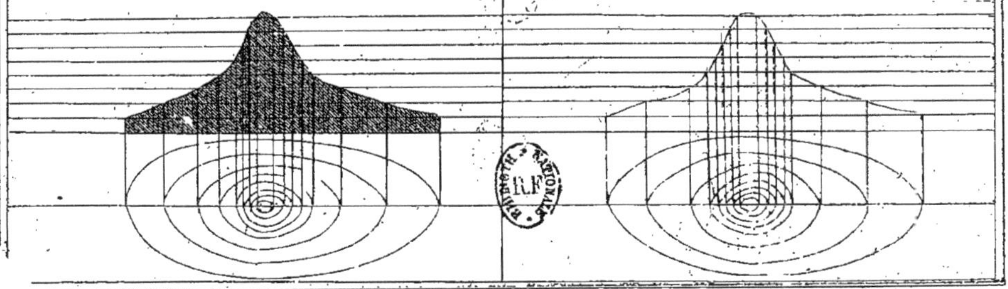

- Hennequin - Del - Sculpt -

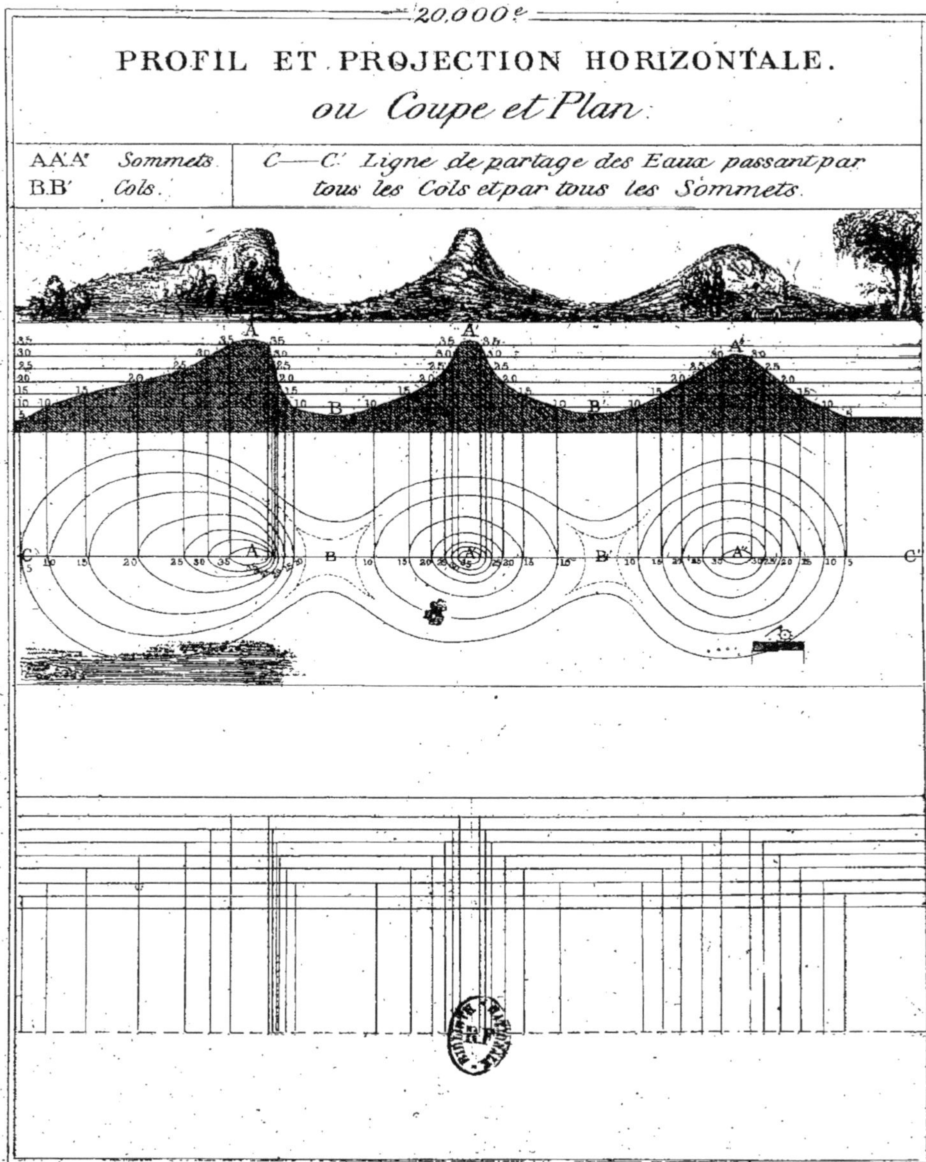
20,000ᵉ
PROFIL ET PROJECTION HORIZONTALE.
ou Coupe et Plan.
A.A.A' Sommets
B.B' Cols
C——C' Ligne de partage des Eaux passant par
tous les Cols et par tous les Sommets.

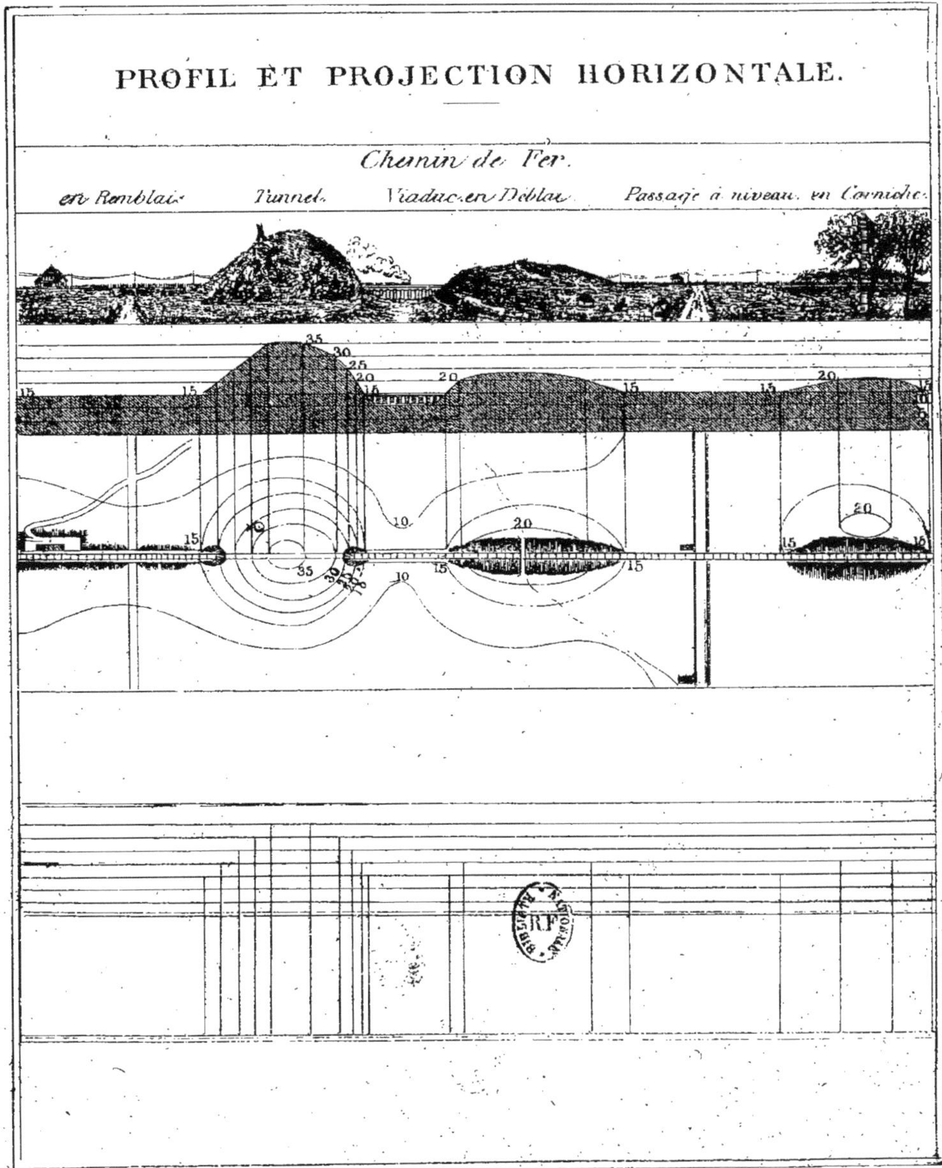

PROFIL ET PROJECTION HORIZONTALE.
Chemin de Fer.
en Remblai.   Tunnel.   Viaduc en Déblai.   Passage à niveau.   en Corniche.
35
30
25
20
15
20
15
10
20
35
30
25
20
15
15
10
15

DÉTERMINATION DU PROFIL.

Projection horizontale ou Plan.

Détermination du Profil
ou de la coupe, suivant la ligne AB.

DÉTERMINATION DU PROFIL.

20.000ᵉ

Ligne de faîte ou de partage des Eaux.
Courbes de niveau. Points de niveau.

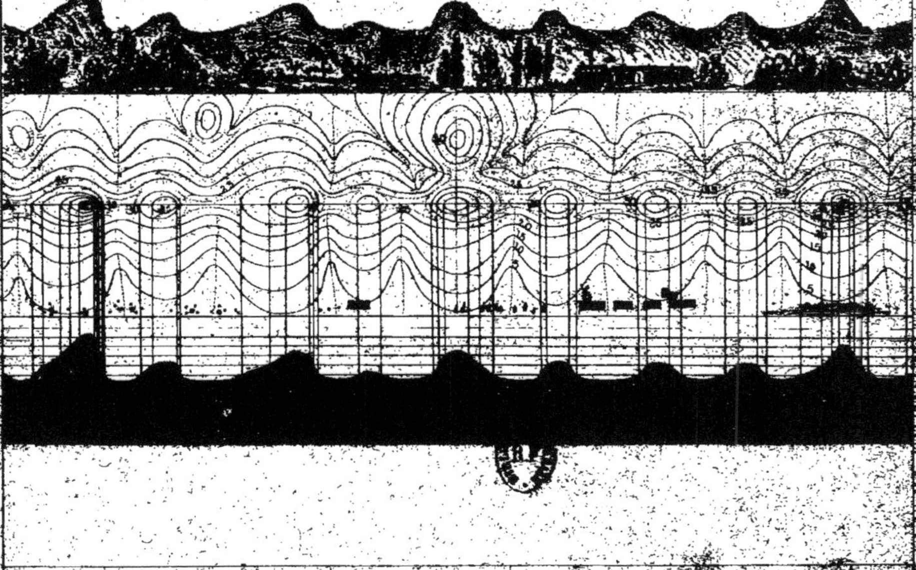

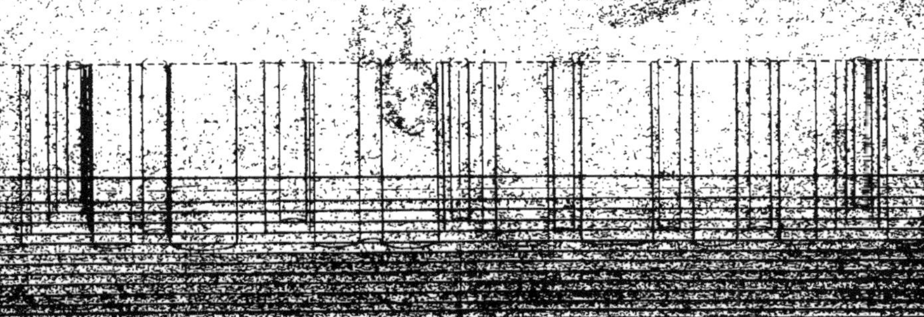

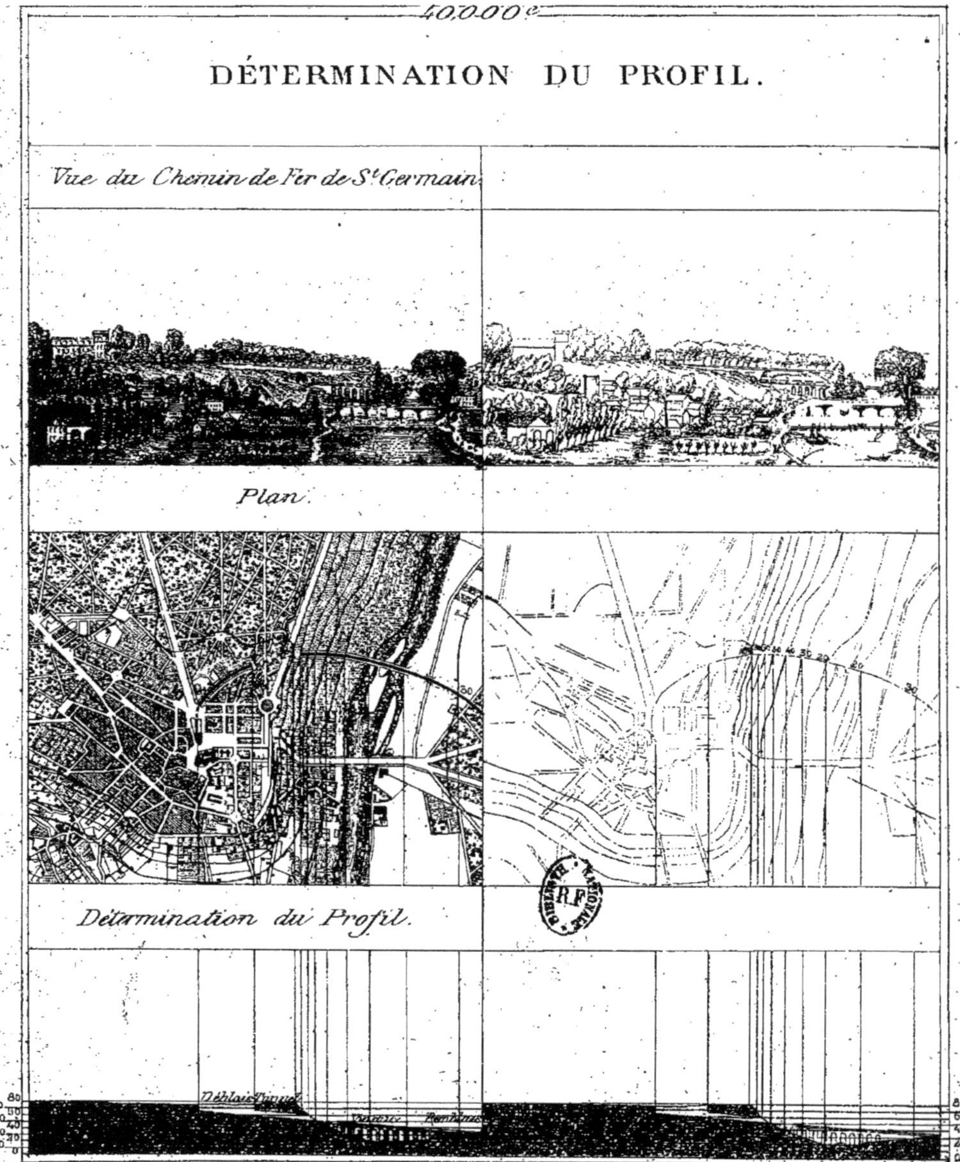
40,000e
DÉTERMINATION DU PROFIL.
Vue du Chemin de Fer de St Germain.
Plan.
Détermination du Profil.

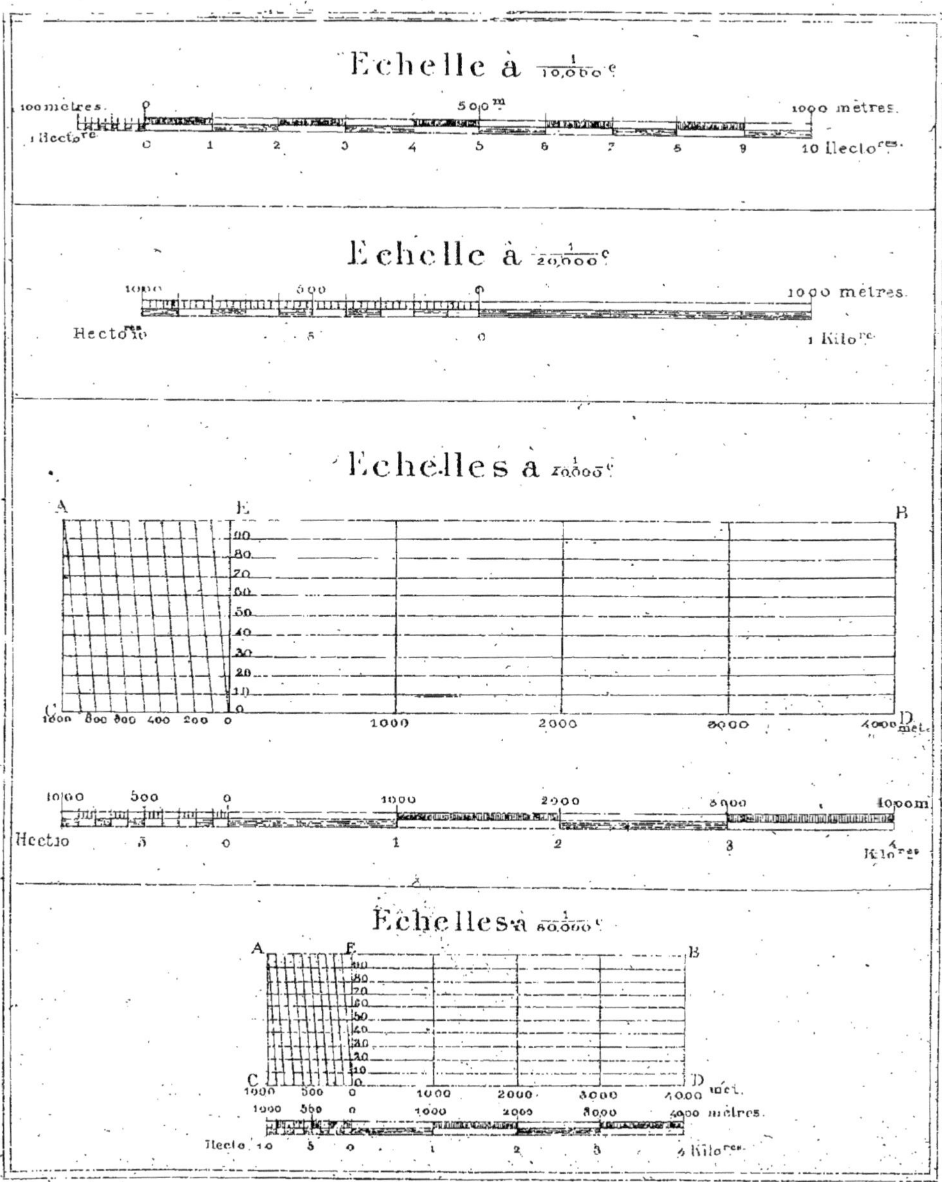
Echelle à 1/10,000ᵉ
100 mètres.
500ᵐ
1000 mètres.
1 Hectoᵐᵉ
0 1 2 3 4 5 6 7 8 9 10 Hectoᵐᵉˢ

Echelle à 1/20,000ᵉ
1000 500 0 1000 mètres.
Hectoᵐ 10 5 0 1 Kiloᵐᵉ

Echelles à 1/20,000ᵉ
A E B
90 80 70 60 50 40 30 20 10 0
C D mèt.
1000 800 600 400 200 0 1000 2000 3000 4000

1000 500 0 1000 2000 3000 4000m
Hectᵒ 10 5 0 1 2 3 Kiloᵐᵉˢ

Echelles à 1/50,000ᵉ
A E B
90 80 70 60 50 40 30 20 10 0
C D mèt.
1000 500 0 1000 2000 3000 4000
1000 500 0 1000 2000 3000 4000 mètres.
Hectᵒ 10 5 0 1 2 3 4 Kiloᵐᵉˢ

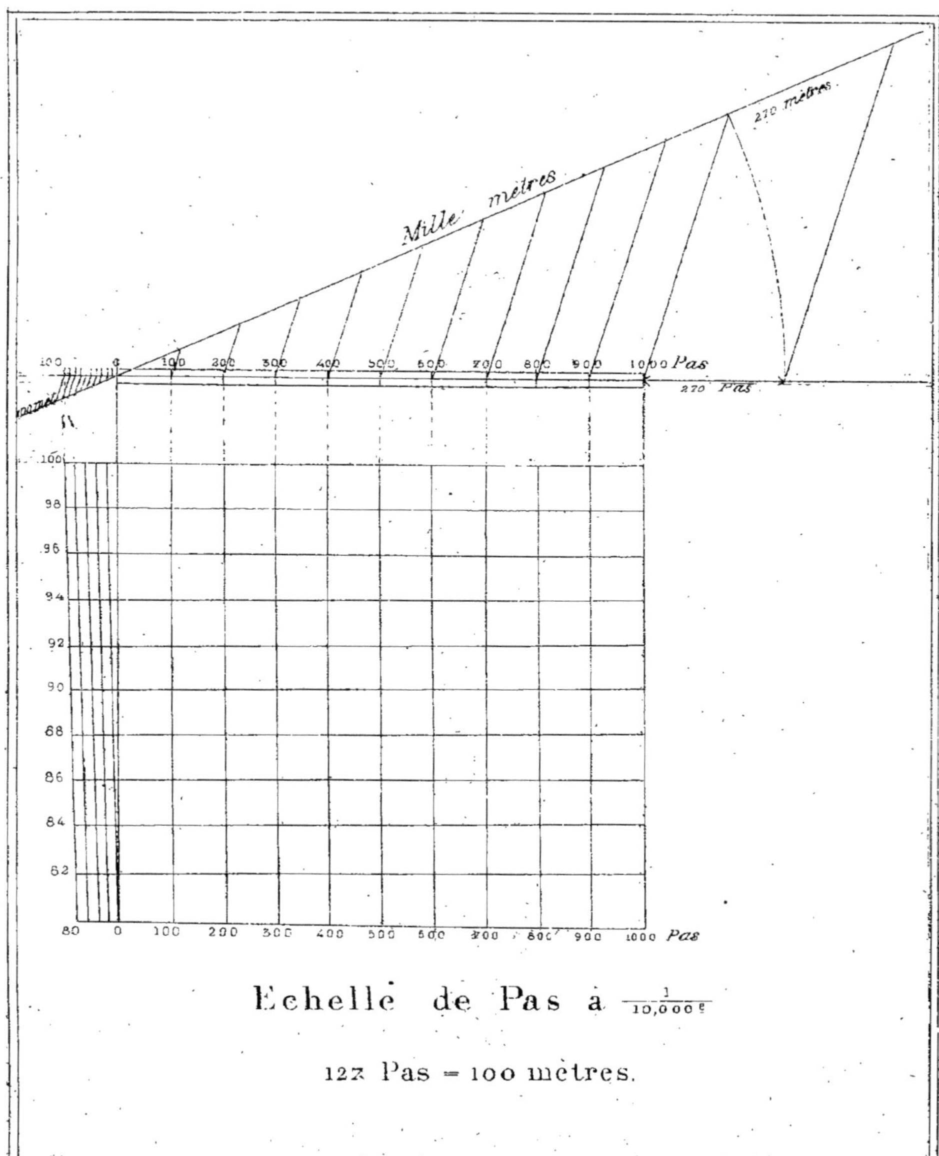

Echelle de Pas à $\frac{1}{10,000^e}$

127 Pas = 100 mètres.

DIFFÉRENTES FORMES DU RELIEF DU TERRAIN.

EXPRIMÉES EN HACHURES

Sommet.

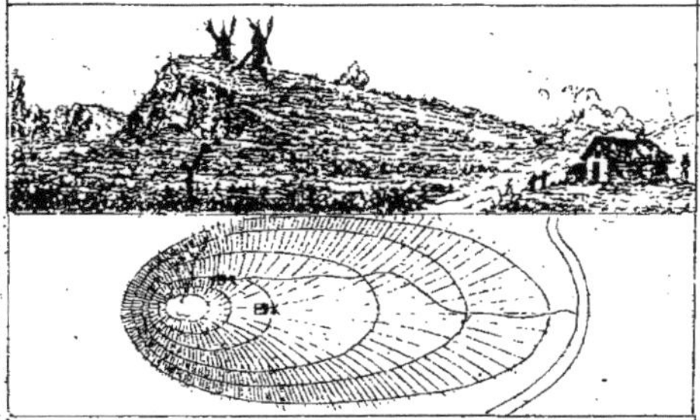

Col et Thalweg.

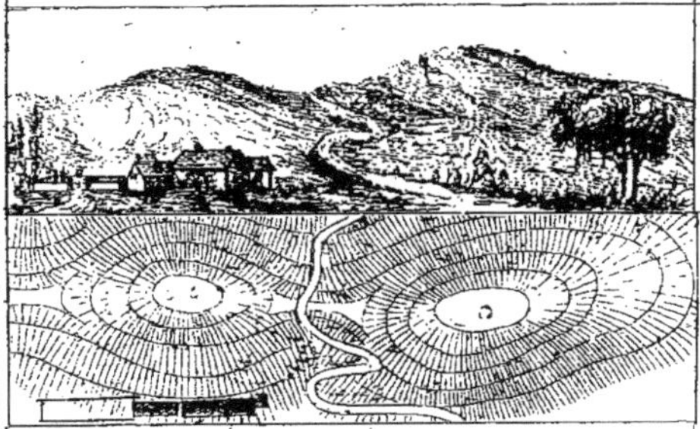

Vallée.

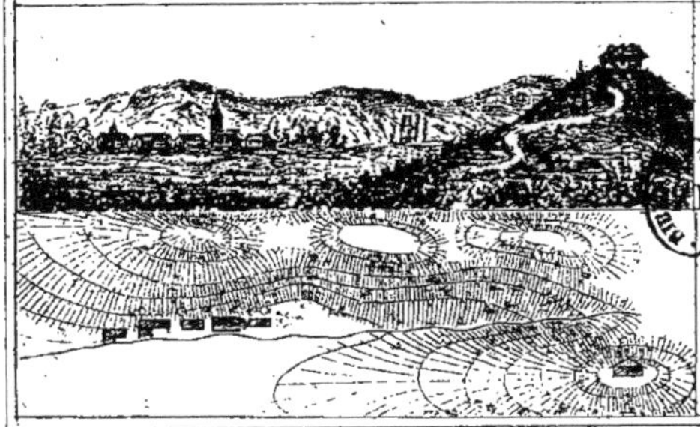

Hennequin Del. Sculpt.

PROFIL ET PROJECTION HORIZONTALE.

(COURBES DE NIVEAU ET HACHURES)

Chemin de Fer

en Remblai *Tunnel* *Viaduc en Déblai* *Passage à niveau en Corniche*

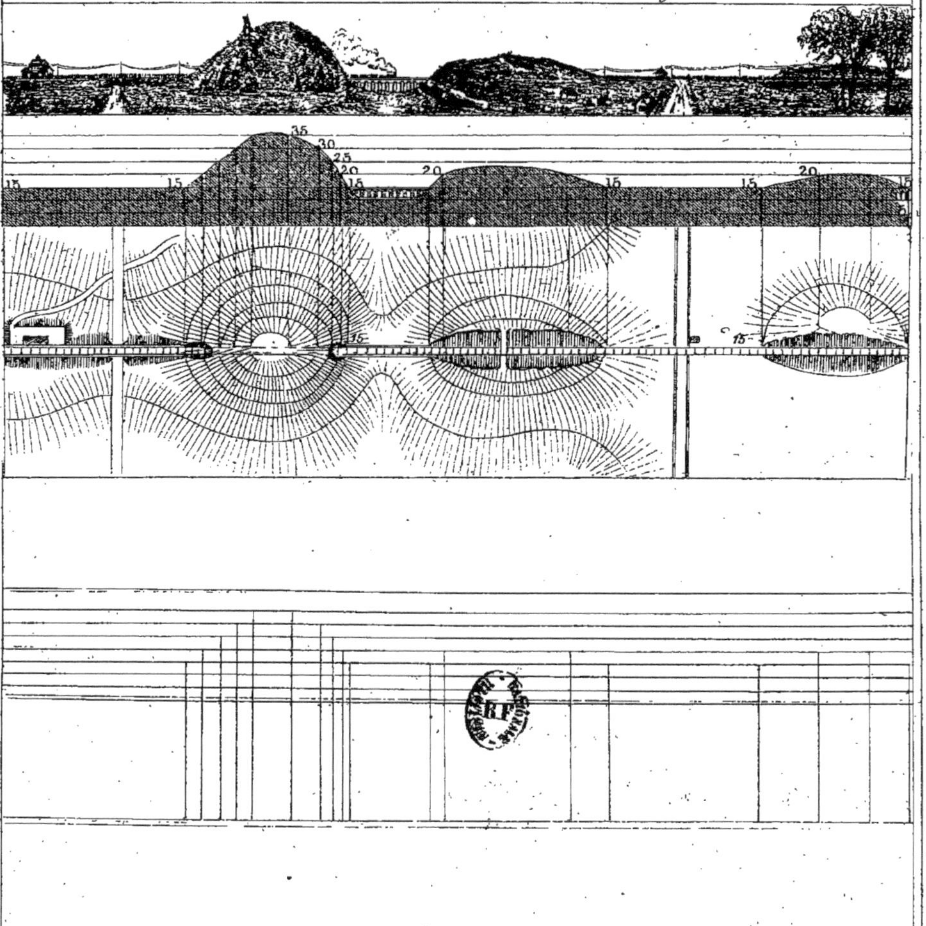

-Hennequin Del. Sculpt.-

DÉTERMINATION DU PROFIL.
(COURBES DE NIVEAU ET HACHURES)

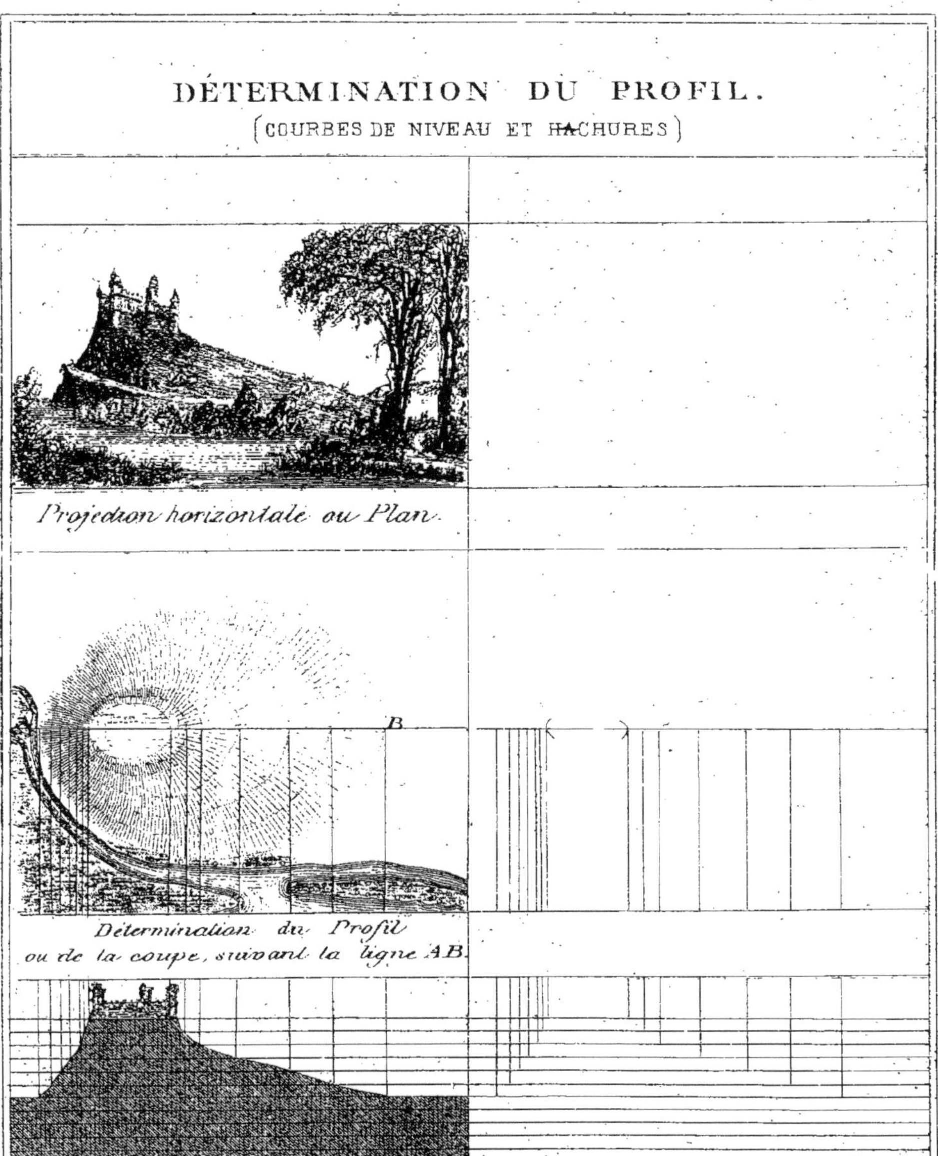

Projection horizontale ou Plan.

*Détermination du Profil
ou de la coupe, suivant la ligne AB.*

DIAPASONS DE HACHURES

pour une équidistance graphique de $\frac{1}{4}$ de millimètre

EXERCICES

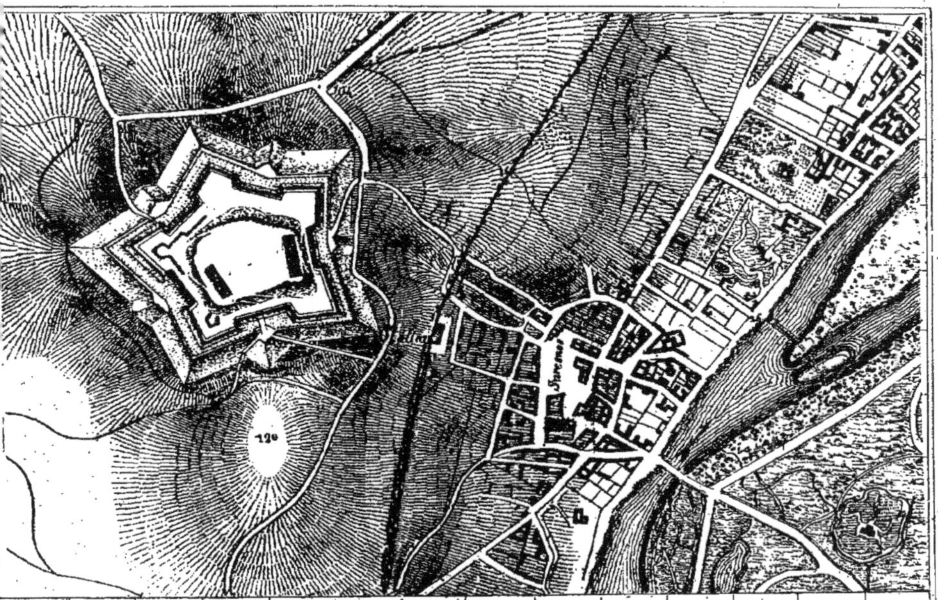

CHAMPIGNY (Champ de bataille de) $\frac{1}{40\ 000}$e

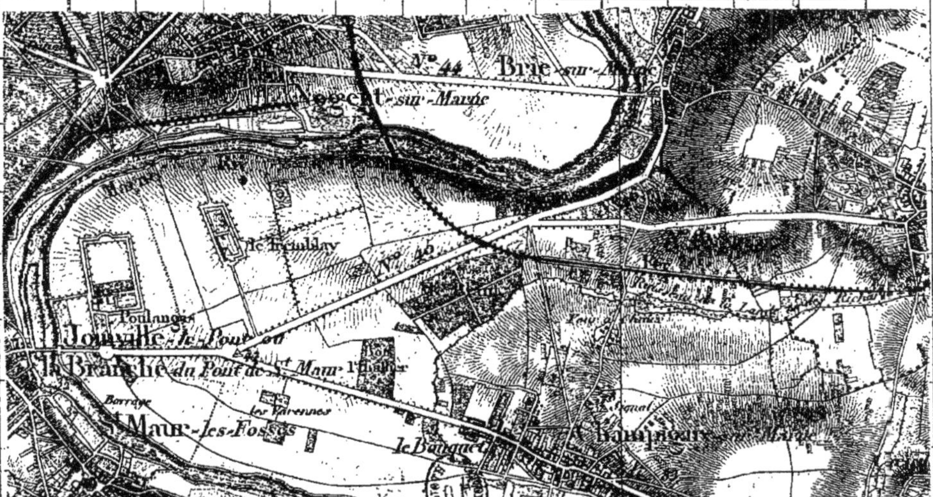

Exercices Topographiques Gradués — Lecture des Cartes

Exercices Topographiques Gradués — Lecture des Cartes

Exercices Topographiques Gradués — Lecture des Cartes

MONT BLANC, Chamounix, Mer de Glace
Plan et Profil à $\frac{1}{80\,000}$

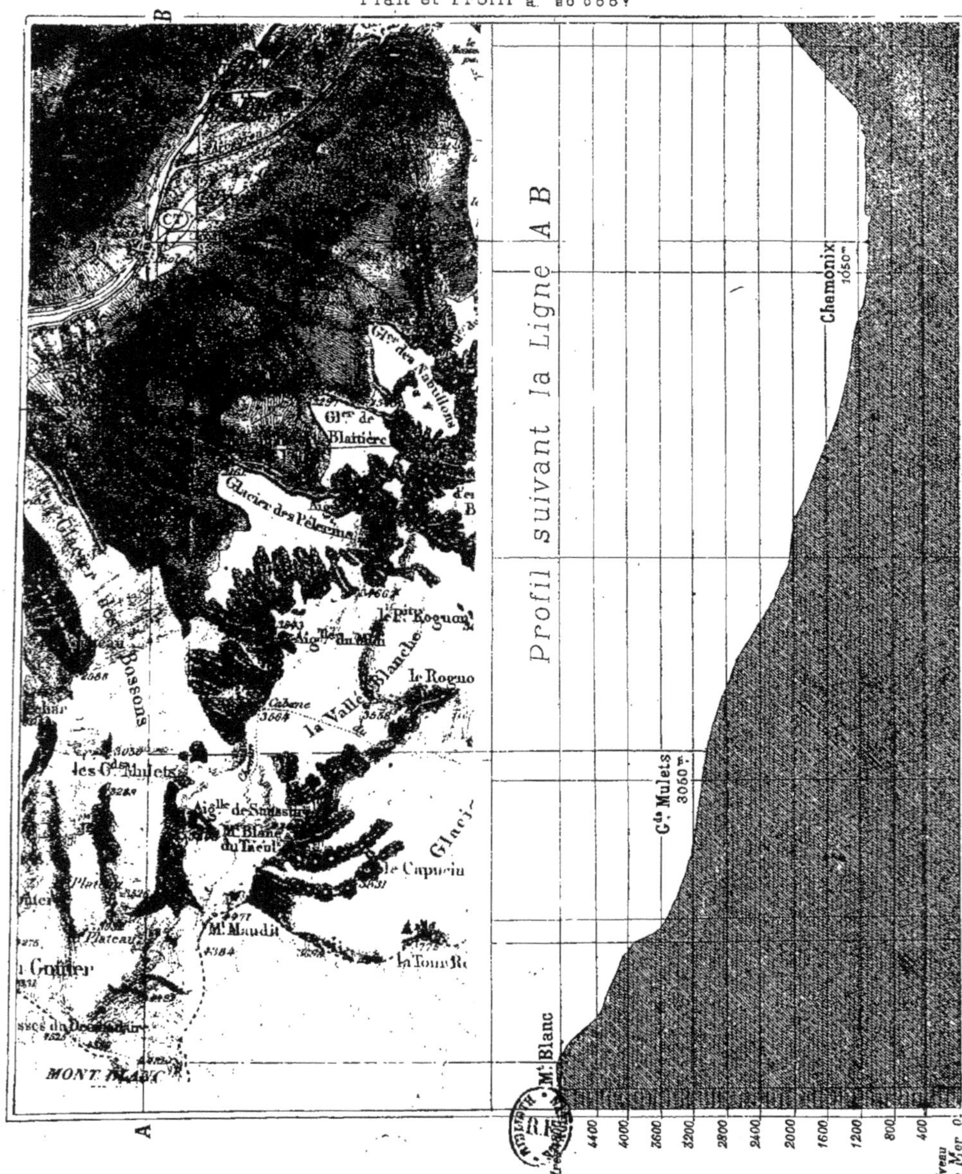

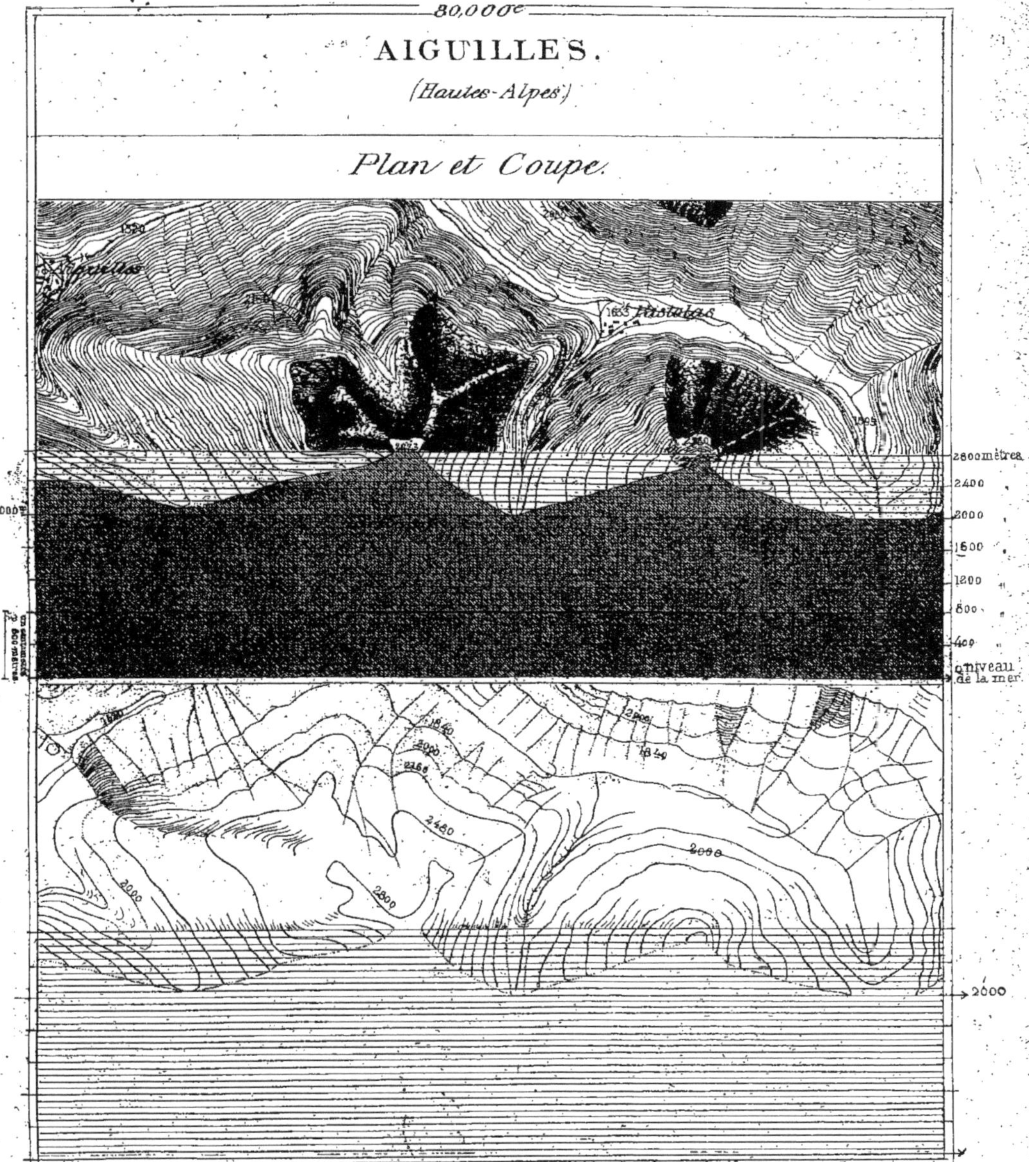
80,000e
AIGUILLES.
(Hautes-Alpes)
Plan et Coupe.
2800 mètres
2400
2000
1600
1200
800
400
niveau de la mer.
2000
Hennequin Del. Sculpt.

CHATEAUDUN
Jallans
Civry
Guillonville
Poupry
Lutz-en-Dunois
Péronville
Villeneuve
Patay
Songy
St Cloud
la Chapelle du Noyer
Villampuy
la Chapelle Onzerain
Conces
Huêtre
Thiville
Ozoir-le-Breuil
Villamblain
Tourtoisis
St Péravy-la-Colombe
St Sigismond
Boulay
Membrolles
Gémigny
Prénouvellon
Verdes
Épieds
Ouzouer-le-Doyen
Coxières
Coulmiers
Semerville
Charsonville
ORLÉANS
Moisy
Ingré
la Colombe
Quiquer le Marché
Baccon
Binas
Aulainville
Villermain
Laurent
Lorges
Crawant
MEUNG-sur-Loire
Messas
St Léonard
Briou
Villorceau
Marchenoir
Josnes
le Plessis l'Echelle
Roches
Villeneuve-Frouville
BEAUGENCY
la Madel
Concriers
Séris
Villexanton
Villerbon
la Chapelle St Martin
Mulsans
Suèvres
Ménars le Chl
St Denis
Malvès
Parc
St Cloude St
Huisseau
de Chambord

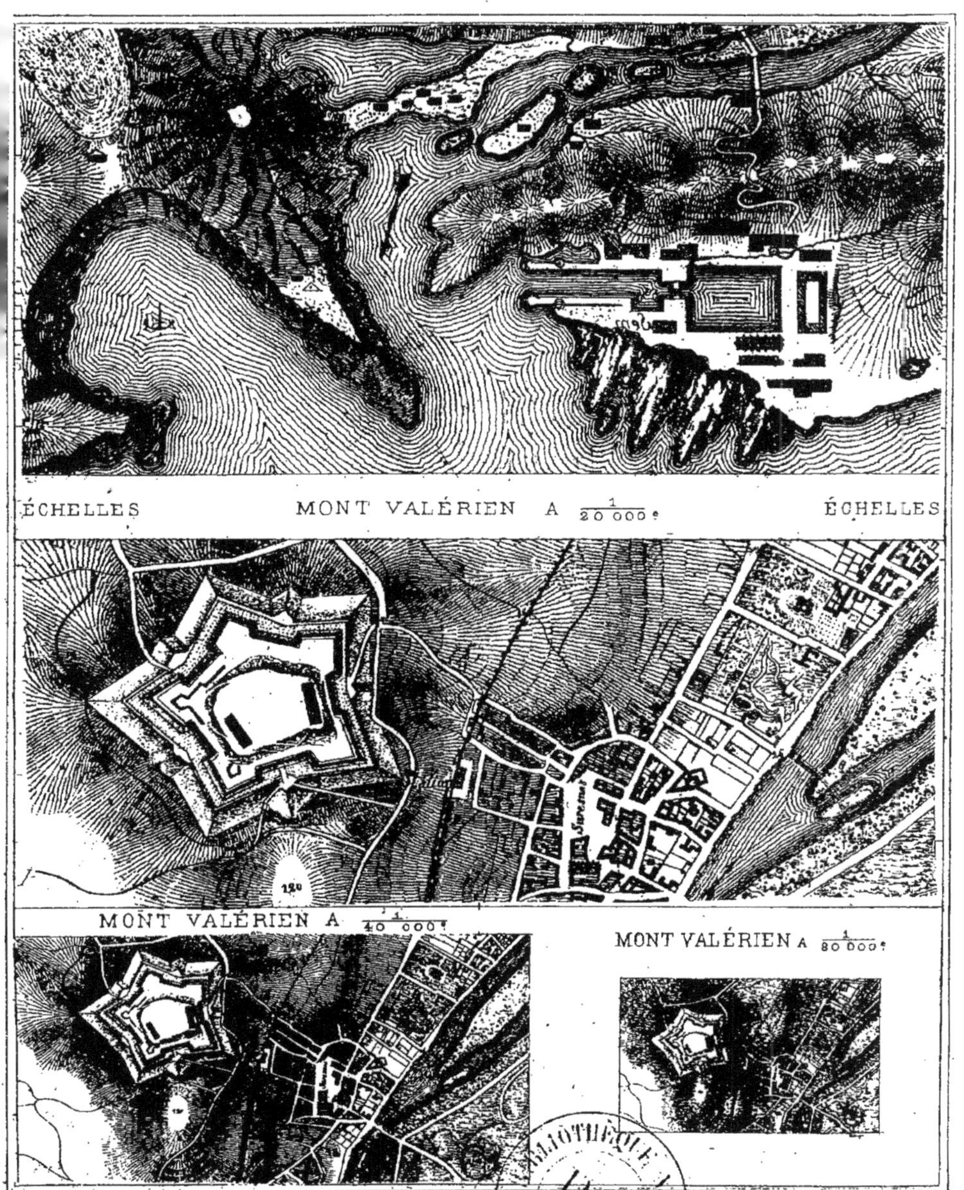

Exercices Topographiques Gradués — Lecture des Cartes

www.ingramcontent.com/pod-product-compliance
Ingram Content Group UK Ltd.
Pitfield, Milton Keynes, MK11 3LW, UK
UKHW020039100726
13658UKWH00003B/1424